D1870935

Alain Besançon

ÜBER DIE SHOAH, DEN NATIONALSOZIALISMUS UND DEN STALINISMUS

Aus dem Französischen
von Bodo Schulze

Klett-Cotta

Klett-Cotta
Die Originalausgabe erschien unter dem Titel
»Le malheur du siècle.
Sur le communisme, le nazisme et l'unicité
de la Shoah« bei Éditions Fayard, Paris
© 1998 Librairie Arthème Fayard
Für die deutsche Ausgabe
© J. G. Cotta'sche Buchhandlung Nachfolger GmbH, gegr. 1659,
Stuttgart 2001
Fotomechanische Wiedergabe nur mit Genehmigung des Verlags
Printed in Germany
Schutzumschlag: Finken & Bumiller, Stuttgart
Gesetzt aus der Life von Kalle Giese Grafik, Overath
Auf säure- und holzfreiem Werkdruckpapier
gedruckt und gebunden von Clausen & Bosse, Leck
ISBN 3-608-94215-7

Die Deutsche Bibliothek – CIP-Einheitsaufnahme
Ein Titeldatensatz für diese Publikation
ist bei Der Deutschen Bibliothek erhältlich.

ZUR ERINNERUNG AN
ANNIE KRIEGEL UND MICHEL HELLER

INHALT

EINLEITUNG

Der vorliegende Essay behandelt zwei miteinander zusammenhängende Fragen. Er maßt sich nicht an, sie erschöpfend zu beantworten. Die erste bezieht sich auf das heutige Geschichtsbewußtsein, dem es, wie mir scheint, gravierend an Einheit mangelt. Die Uneinigkeit berührt das, was unser Jahrhundert vor allen anderen auszeichnet: das außergewöhnliche Ausmaß der Tötung von Menschen durch Menschen, das nur durch die Machtergreifung des Kommunismus leninistischer Prägung und des Nationalsozialismus Hitlerscher Provenienz möglich wurde. Obgleich miteinander verfeindet und Ergebnis einer ungleichen Geschichte, haben die »zweieiigen Zwillinge« (Pierre Chaunu) mehreres gemeinsam. Sie setzten sich zum Ziel, eine vollkommene Gesellschaft zu erschaffen, indem sie das Böse tilgten, das diesem Ziel im Wege stand. Sie stellten sich als philanthropisches Unternehmen dar, denn der eine wollte das Wohl der ganzen Menschheit, der andere das Wohl des deutschen Volks, und diese Ideale weckten begeisterte Hingabe und motivierten zu heroischen Taten. Ihre größte Gemeinsamkeit lag jedoch in der Überzeugung, daß es ihr Recht, ja ihre Pflicht sei, zu töten, war die Tatsache, daß sie ihre Tötungsabsicht mit ähnlichen Methoden und in einem historisch ungekannten Ausmaß verwirklichten.

Nun erfahren Nationalsozialismus und Kommunismus in der historischen Erinnerung heute nicht dieselbe Behandlung. Der Nationalsozialismus, obgleich seit über einem halben Jahrhundert völlig verschwunden, erregt einen Abscheu, den die Zeit in keiner Weise mildert. Vielmehr scheint die mit Entsetzen erfüllte

Reflexion mit jedem Jahr an Tiefe und Breite zu gewinnen. Der Kommunismus hingegen, obgleich noch ganz frisch und erst kürzlich gefallen, genießt eine Amnesie und eine Amnestie, die fast einhellig Zustimmung findet, nicht nur bei seinen Befürwortern – die es durchaus noch gibt –, sondern auch bei seinen entschlossensten Feinden und selbst bei seinen Opfern. Weder die einen noch die anderen finden es schicklich, ihn dem Vergessen zu entreißen. Nur selten öffnet sich der Sarg Draculas einen Spalt breit. So wagte ein Ende 1997 erschienenes Buch (*Das Schwarzbuch des Kommunismus*), die Zahl der Opfer des Kommunismus zu addieren, und kam auf eine Spanne zwischen 85 und 100 Millionen Toten. Der anschließende Skandal währte nur kurz, und der Sarg schloß sich wieder, ohne daß das Zahlenwerk ernstzunehmenden Widerspruch erfahren hätte.

Vor kurzem hatte ich Gelegenheit, diesen Kontrast zwischen der Amnesie des Kommunismus und der Hypermnesie des Nationalsozialismus anzusprechen. Dabei konzentrierte ich mich auf die historischen und politischen Bedingungen, die das Vergessen des Kommunismus erklären könnten.[1] Das Thema erfordert eine ausführlichere und umfassendere Behandlung. Dies ist Gegenstand des ersten Teils dieses Versuchs.

Die zweite Frage bezieht sich auf die Shoah. Inwiefern muß man ihr in der ungeheuren Schlächterei dieses Jahrhunderts eine Sonderstellung einräumen? Kann man sie auf dem gemeinsamen Friedhof der Menschheit als ein Grab unter anderen Gräbern einordnen? Und wenn nicht, aus welchem Grund?

Daß die Frage der Shoah nicht nur das Geschichtsbewußtsein dieses Jahrhunderts im allgemeinen umtreibt, sondern im be-

---

1 Der Vortrag am *Institut de France,* den der Leser im Anhang dieses Buches findet, erschien gleichzeitig in der französischen Zeitschrift *Commentaire* (Nr. 80, 1997-1998) und in der Zeitschrift *Commentary* (Januar 1998), die unter der Schirmherrschaft des American Jewish Committee in New York erscheint. Beide Zeitschriften veröffentlichten in ihren folgenden Ausgaben Leserreaktionen.

sonderen auch das Verhältnis oder den Vergleich zwischen der Erinnerung des Kommunismus und der Erinnerung des Nationalsozialismus beherrscht, läßt sich leichter feststellen als erklären. Ich selbst bin diesem starken Gefühl in meinem Vortrag nachgegangen, indem ich zu zeigen suchte, aus welchen Gründen das jüdische Volk die Erinnerung an die Shoah auf sich genommen hat. Meine Antwort lautete: Es tat dies aus moralischer Verpflichtung, in der Tradition der Erinnerung an eine lange Reihe von Verfolgungen, und es tat dies aus religiöser Verpflichtung, in der Tradition von Hiobs Lobpreisung des Herrn und seines leidenschaftlichen Dialogs mit Ihm, der versprochen hat, sein Volk zu beschützen, mit Ihm, der Ungerechtigkeit und Verbrechen bestraft. Die gesamte Menschheit schuldet dem jüdischen Volk Dank für die gottesfürchtige Pflege der Shoah-Archive. Rätsel geben vielmehr jene Völker auf, die vergessen haben.

Die Schwierigkeit rührt daher, daß die Beantwortung der zweiten Frage einen Ebenenwechsel erfordert. Man kann Kommunismus und Nationalsozialismus in der Tat als zwei Arten derselben Gattung vergleichen: der Gattung *Ideologie*. Die verführerische Kraft des Kommunismus und des Nationalsozialismus, ihre Regierungsform und ihre Herrschaftsausübung, ja sogar die Art ihrer Verbrechen hängen mit der mentalen Formation zusammen, von der sie sich herschreiben: der Ideologie. Ich verstehe darunter eine Lehre, die mittels Bekehrung irdisches Heil verheißt, die vorgibt, die kosmische Ordnung widerzuspiegeln, deren Entwicklung sie wissenschaftlich entschlüsselt habe, die eine politische Praxis verfolgt, welche auf eine radikale Veränderung der Gesellschaft abzielt. Man kann den Vergleich zwischen Kommunismus und Nationalsozialismus sehr weit treiben und untersuchen, worin sie sich unterscheiden und inwiefern sie sich ähneln, ohne dabei den Bereich der historischen und politischen Analyse zu verlassen.

Mit der Shoah hingegen verlassen wir diesen Bereich unmittelbar. Zwar versucht die Politik, insbesondere in Frankreich, die

Shoah zu instrumentalisieren und zum Gegenstand der fortwährenden Auseinandersetzung zwischen »Linken« und »Rechten« zu modeln, doch der eigentliche Ort dieser Katastrophe liegt anderswo, weit entfernt von den öffentlichen Auseinandersetzungen, wie ein schlimmer, glühender, sich selbst nährender Herd. Das Bewußtsein der Shoah fühlt sich in der rein politischen Analyse nicht wohl; die vergleichende, sachliche, »wissenschaftliche« Untersuchung bereitet ihm Unbehagen. Unsagbar bewahrt es das Gefühl eines Ereignisses, das in diesem Jahrhundert und in allen Zeiten einzigartig war und das daher anderes erfordert als eine objektive Studie: eine besondere Ehrfurchtsbezeugung, heiliges Schweigen. Wir befinden uns hier nicht mehr in der Geschichte der Ideologie, sondern in der Geschichte der Religion, ja in der Religion selbst, der jüdischen zunächst, der christlichen im Gegenzug.

Gleichwohl lassen sich diese beiden Fragen – das vergleichende historische Bewußtsein der beiden mörderischen Ideologien und das Bewußtsein der Shoah – nicht voneinander trennen. Die singuläre Tatsache der Shoah tauchte langsam aus der verschwommenen Erinnerung an den Nationalsozialismus auf, und dies ist nicht der geringste Grund, weshalb dem Kommunismus eine andere Behandlung beschieden war als dem Nationalsozialismus.

Es ist ein riskantes Unterfangen, zwei Ereignisreihen zu verfolgen, die einerseits von unterschiedlicher Natur sind und räumlich wie zeitlich auseinanderliegen, andererseits aber auf dunkle Weise durch die Geschichte miteinander verknüpft sind. Um nach Kräften Licht in dieses Dunkel zu bringen, werde ich zunächst kurz die Entstehungsgeschichte des Problems nachzeichnen. Anschließend werde ich den Kommunismus und den Nationalsozialismus Schritt für Schritt unter dem Gesichtspunkt der von ihnen angerichteten physischen, moralischen und politischen Zerstörung vergleichen. Da ich dieses so mühselige Thema schon vielfach behandelt habe, hegte ich, wie ich gestehen muß, die Hoffnung, nicht mehr darauf zurückkommen zu müssen. Die Umstände haben anders entschieden. Im Anschluß an diesen abermaligen Vergleich wage ich mich auf das Feld der Theologie, um zu bestimmen, worin genau die Einzigartigkeit der Shoah besteht. Ich erkenne auf Einzigartigkeit, aber ich bezweifle, daß man sich über den Sinn dieser Einzigartigkeit in absehbarer Zeit wird verständigen können.

Die Frage nach der Einzigartigkeit der Shoah, die sich den Opfern, wie ich denke, intuitiv sofort aufgedrängt hat, trat im öffentlichen Bewußtsein erst viele Jahre nach dem Ereignis in ihrer ganzen Tragweite zutage.

Das Zeugnis von Primo Levi *Ist das ein Mensch?*, das heute allgemein als eines der bewegendsten Zeugnisse über Auschwitz gilt, entstand unmittelbar nach der Rückkehr des Verfassers nach Italien. Mehrere große Verlage lehnten die Veröffentlichung damals ab. Der Kleinverlag, der das Buch 1947 in einer Auflage von 2500 Exemplaren herausbrachte, ging bald Bankrott, und das Buch geriet in Vergessenheit. Als es 1958 bei Einaudi eine Neuauflage erfuhr, gelangte es zu dem Ruhm, den es so sehr verdient. Das Dunkel, in dem es bislang verborgen lag, führt uns einen Aspekt des Rätsels vor Augen.

Warum das Buch zunächst keine Aufnahme fand? »Vielleicht, weil die Menschen in jener harten Nachkriegszeit nicht mehr an die schmerzlichen Jahre zurückdenken wollten, die sie gerade erst hinter sich gebracht hatten.«[2] Die Erklärung ist zwar richtig, aber vage und unzureichend. Es stimmt, daß unmittelbar nach dem Krieg sämtliche Deportationslager dasselbe Grauen erregten und daß man nicht klar und deutlich unterschied zwischen

2 Primo Levi, *Ist das ein Mensch? Erinnerungen an Auschwitz*, Frankfurt am Main 1979, S. 181.

einem Arbeitslager wie Buchenwald und einem Vernichtungslager wie Treblinka. Das Mitleid galt allen Opfern, und niemand kam auf den Gedanken, sie nach Gruppen zu sortieren. Beim Nürnberger Prozeß war lediglich von der »Verfolgung« der Juden die Rede. Von Primo Levi erfahren wir nun, daß die Juden in seinem Lager und in seinem Arbeitskommando im allerletzten Kreis der Hölle lebten; doch dann gab es die anderen Kreise der Hölle, und das Menschsein wurde auch den in Auschwitz sehr zahlreichen Nichtjuden und überhaupt jedem Häftling, selbst dem kriminellsten Kapo, bestritten. Genau dies bildet den bereits im Titel angekündigten metaphysischen Grund des Buches. Wie jedes Ereignis, das die Vorstellungskraft übersteigt, fiel die Deportation eine Zeitlang der Amnesie – oder einer Mischung aus Amnesie und Aphasie – anheim, die selbst die Deportierten und auch die geretteten Juden unter ihnen nicht verschonte. Das Unsagbare läßt sich nicht leicht sagen. Die Zeit erlaubte es, die Augen an diesen Gegenstand, der sich nicht fixieren läßt, *anzupassen*.

Um die Besonderheit der Shoah, ihre *Einzigartigkeit*, jedoch für das allgemeine Geschichtsbewußtsein thematisch werden zu lassen, bedurfte es eines großen Ereignisses. Und ein weiteres war von vonnöten, um das allgemeine Geschichtsbewußtsein für einen *Vergleich* zwischen Nationalsozialismus und Kommunismus zu öffnen.

Das erste Ereignis war eine erheblich deutlichere »Sichtbarkeit« des jüdischen Volks. Im Laufe des 19. Jahrhunderts emanzipiert, erhielten die Juden wie alle anderen Glaubensgemeinschaften das Recht, ihre Religion auszuüben, doch besondere Bürgerrechte wurden ihnen verweigert. Nun versteht sich das Judentum seit biblischen Zeiten untrennbar als Religion und Volk zugleich. In den westlichen Ländern mußten die Juden diesen letztgenannten Teil ihrer Identität aufgeben, ja vergessen; in anderen Ländern, in denen die »Volkszugehörigkeit« nicht durch den modernen Staatsbürgerbegriff abgelöst wurde, trugen sie an ihm wie an einer Last. Der Nationalsozialismus ersetzte das Volk durch die Rasse und schloß die »jüdische« aus der Menschheit aus. Im Nachkriegseuropa hatte der Begriff des »jüdischen Volks« jede Grundlage verloren. Im Westen gab es nur noch englische, französische, italienische usw. Bürger jüdischer »Herkunft« oder jüdischen Glaubens, und in den kommunistischen Ländern sollte der jüdische Charakter der Juden im Prinzip von selbst verschwinden und durfte einstweilen nicht mehr öffentlich erwähnt werden.

Es gab ein drittes Element im jüdischen Selbstverständnis: das Land. Nun trat das jüdische Volk 1948 in Gestalt eines weitgehend laizistischen, modernen Nationalstaats in Erscheinung. Erstmals seit der assyrischen und babylonischen Eroberung besaß es wieder einen völlig unabhängigen Staat und eine territoriale Präsenz, die seit den »Judäischen Kriegen« unter Titus und Hadrian fast vollständig ausgelöscht worden war. Im Namen des »Rückkehr-Gesetzes« konstituierte sich der hebräische Staat als rechtmäßiges Vaterland aller Juden in der Welt.

Die kommunistisch beherrschten Länder erkannten Israel aus politischen Gründen an, die mit den Zeitumständen wechselten. Die Anerkennung durch die demokratisch regierten Länder unterlag weniger Schwankungen, da außer politischen Motiven auch Beweggründe durchaus religiöser Natur mitspielten. Das damals entstehende Schuldgefühl der christlichen Welt sollte im Laufe der Zeit wachsen. Das katholische Verständnis des Faktums Judentum, das jahrhundertelang durch eine bestimmte Auslegung der Schriften und die Lehre der Kirchenväter mit Beschlag belegt war, kam in Bewegung. Es war der Beginn einer grundlegenden Wende, die im Zweiten Vatikanischen Konzil ihren vorläufigen Höhepunkt fand und noch immer nicht abgeschlossen ist.

Die westliche Welt akzeptierte also – und im allgemeinen problemlos – das neue Selbstbild, das die Juden durch die Gründung des Staates Israel gewonnen hatten. Insbesondere akzeptierte sie, daß die in der Diaspora lebenden Juden, die seit langer Zeit starke patriotische Gefühle für ihr jeweiliges Heimatland nährten, nun eine zweite patriotische Bindung an Israel entwickelten, wobei dieses Nationalgefühl und die damit einhergehende Loyalität freilich nicht von derselben Qualität waren. Das Recht auf einen doppelten Patriotismus, das die Öffentlichkeit bei einer anderen Minderheit nicht geduldet hätte, läßt sich meines Erachtens durchaus mit einem anderen, historischen Privileg der Juden vergleichen, einem ebenso außergewöhnlichen und prekären wie in diesem Fall rein religiösen Vorrecht, nämlich der Freistellung von Kaiserkult und Staatsreligion zur Zeit von Herodes I.

Das neue Bewußtsein jüdischer Identität entwickelte sich spontan und schrittweise. Ein wichtiges Datum verdient indes besondere Erwähnung: das Jahr 1960. Bisher nährten sich die patriotischen Gefühle Israels durch die Erinnerungen an den bewaffneten Widerstand gegen den Nationalsozialismus. Man rief sich lieber den Warschauer Ghettoaufstand ins Gedächtnis als den passiv erlittenen Völkermord. Der Eichmann-Prozeß, auf Wunsch der israelischen Regierung als aufsehenerregendes öffentliches Ereignis geplant, markierte den Beginn einer Wende. Die Shoah rückte zu einem zentralen, in mancher Hinsicht grundlegenden Ereignis, zur Legitimationsbasis auf. Die damals anhebende Diskussion über die rechtlichen, moralischen, philosophischen und theologischen Aspekte der Shoah, an der sich bekannte Geistesgrößen aus aller Welt beteiligten – Hannah Arendt, Raymond Aron, Gershom Scholem –, wird wohl nie zum Abschluß kommen.

Das zweite Ereignis – die Geheimrede Chruschtschows auf dem 20. Parteitag der KPdSU im Jahr 1956 – machte den Vergleich unvermeidlich. Daß der bolschewistische Kommunismus ein verbrecherisches System ist, war seit 1917 bekannt. Doch die ungeheure Ausstrahlung der kommunistischen Idee und die ausgeprägte Fähigkeit der Parteiorgane, Falschinformationen und Lügen zu verbreiten, beraubte dieses Wissen jeder Glaubwürdigkeit. Eine Unmenge anständiger Männer und Frauen stritt die Tatsachen im besten Glauben ab.

Die Geheimhaltung der Vernichtung der europäischen Juden durch die Nationalsozialisten war »einfach« strukturiert und bediente sich klassischer Mittel: Die Vernichtungszentren lagen in abgeschiedenen Gegenden, die Ausführenden wurden unter den Opfern ausgewählt und regelmäßig getötet, die Mitglieder der Vernichtungsorgane waren durch Eid gebunden und vergleichsweise klein an der Zahl. Die Geheimhaltung der Bolschewiki funktionierte auf komplexere Weise. Auch sie umfaßte einen »einfachen« Teil und bediente sich der klassischen Methoden von Polizei und Militär. Doch um diesen Kern legte sich schützend ein ungeheuer dichter ideologischer Nebel, der bewirkte, daß jede undichte Stelle in der Geheimhaltung der Vernichtungsoperationen durch einen allgemeinen Willen zur Ungläubigkeit sogleich gestopft wurde und der hermetische Schirm, ein Stück versetzt, von neuem entstand. Es gab Momente – etwa die Zeit zwischen dem spanischen Bürgerkrieg und dem Sieg über den Nationalsozialismus –, da existierte das Wissen über den Kommunismus außerhalb seiner Grenzen nur noch im Kopf einzelner Menschen, im allgemeinen ehemalige Kommunisten, die ihn aus eigener Erfahrung kannten, und ehemalige Linksradikale, die sich enttäuscht und empört abgewandt hatten, die meisten von ihnen unfähig, ihr Wissen zu vermitteln, und vielfach auch nicht in der Lage, es in aller Konsequenz zu durchdenken.

Bis 1956 stießen die Augenzeugenberichte, die uns in unregelmäßigen Abständen erreichten, auf taube Ohren. Obwohl gut dokumentiert und unwiderlegbar, fanden sie weder bei den akademischen Autoritäten, die sich als Hüter kritischer Geisteshaltung gerierten, noch bei den Politikern Glauben – auch nicht bei denen, die der kommunistischen Idee fremd und ablehnend gegenüberstanden. Andernfalls hätten diese Damen und Herren ihre Weltanschauung grundlegend revidieren müssen, denn diese Zeugnisse konfrontierten sie – ähnlich wie diejenigen, die über den Nationalsozialismus durchgesickert waren – mit einer Welt, die mit ihrer absonderlichen Logik völlig unwahrscheinlich schien. Es hätte größter Kraftanstrengung bedurft, um sich in ihr zurechtzufinden. Außerdem fühlte man sich nicht bedroht. Als David Rousset Ende der vierziger Jahre die sowjetischen Lager zur Sprache brachte, empfand man dies als skandalös. Sartre hatte keine Mühe zu beweisen, daß sie einfach deshalb nicht existieren können, weil der Begriff des Lagers philosophisch im Widerspruch stehe zum Begriff des Sozialismus. Und die Behauptung Buber-Neumanns anläßlich des Krawtschenko-Prozesses 1948, das deutsche Arbeitslager hätte im Unterschied zu dem sowjetischen Lager, in dem sie inhaftiert war, bevor Stalin sie an Hitler auslieferte, Reste an rechtlichen Regelungen gekannt, rief entrüstete Reaktionen hervor.

Der Chruschtschow-Bericht zeigte mit Blick auf die nichtkommunistischen Opfer des Kommunismus nicht die geringste Reue. Allein die massenhafte Tötung von Kommunisten, die der Sache treu ergeben waren, galt Chruschtschow als Verbrechen des stalinistischen Systems und erfüllte ihn mit Empörung. Gleichwohl arbeitete dieses so unvollständige Geständnis eine Schwachstelle in das harte Metall der Ideologie und öffnete einen Riß in der Mauer, die das Geheimnis umgab. Für den Generalsekretär verdienten die Verbrechen an den Kommunisten nur insofern Tadel, als sie das gemeinsame Projekt hintertrieben und die Macht des Kommunismus geschwächt hatten. Indes war die Frage nach den Verbrechen der Kommunisten nach Bekanntwerden seines Berichts nicht mehr von der Hand zu weisen. Das System wurde unter Generalverdacht gestellt, und die allgemeine Untersuchung, die nun begann, war durch nichts mehr zu verhindern. Nur langsam und mit Unterbrechungen kam sie voran, denn der Kommunismus hielt sich noch rund dreißig Jahre an der Macht, fast ebenso lange, wie er bereits existierte. Während all dieser Jahre bestritt er die Existenz des Lagersystems, baute es jedoch schrittweise ab. Die Veröffentlichung des *Archipel Gulag* im Jahr 1974 durchbrach die Mauer der Lüge endgültig. Aber das war eben nur ein Text; noch immer fehlte, was im englischen Kriminalroman »the evidence of the corps« heißt, der Beweis durch Auffinden der Leiche. Niemand außer den wenigen Entkommenen hatte die kommunistischen Lager je gesehen oder berührt, mit Ausnahme der Massengräber in Kambodscha. Gleichwohl kann man sagen, daß das Geheimnis bereits gelüftet war, als das System zerfiel – obgleich der »Negationismus« mit Blick auf die Verbrechen des Kommunismus nach wie vor weit stärker ist als derjenige, der den Nationalsozialismus in Schutz nimmt.

So saßen die beiden grauenerregenden Regime dieses Jahrhunderts, der Nationalsozialismus und der Kommunismus, Mitte der sechziger Jahre gemeinsam auf der Anklagebank. Ob wegen derselben Verbrechen, ist Gegenstand der folgenden Erörterung.

Ich habe die Frage in mehrere Abschnitte gegliedert, was insofern von Nachteil ist, als man dabei leicht die Einheit des Gegenstands aus den Augen verlieren kann. Ich werde mich der Problematik unter dem Blickwinkel der Zerstörung nähern. Denn in der Tat existiert aus der Zeit des Nationalsozialismus und des Kommunismus nur noch der Widerstand dagegen, die »Dissidenten«-Literatur beispielsweise. Ansonsten bleibt ein Trümmerfeld, das auf Aufräum- und Entseuchungsarbeiten wartet. Die Zerstörung ist zum einen materieller Art: Lebende Menschen wurden in Leichen verwandelt. Sie ist zum anderen moralischer Natur:

Anständige, vernünftige Seelen wurden zu verbrecherischen, wahnsinnigen, dummen Elementen. Und sie trägt zum dritten politischen Charakter: Die Gesellschaft wurde aus ihrer Bahn gerissen und in die Form des ideologischen Projekts gepreßt. Anschließend werde ich den Bereich der historischen Analyse verlassen und dieselbe Frage unter dem Blickwinkel der Philosophie und der Theologie aufgreifen. Schließlich werde ich auf das Thema meines Vortrags am *Institut de France* zurückkommen und die Arbeit der Erinnerung beschreiben. Ich werde auf Einzigartigkeit der Shoah erkennen.

KAPITEL 1
DIE PHYSISCHE VERNICHTUNG

SECHS NAMEN

Bevor wir einen Vergleich zwischen Kommunismus und Nationalsozialismus wagen, müssen sechs Worte gesagt sein: Auschwitz, Belzec, Chelmno, Majdanek, Sobibor, Treblinka. Dort befanden sich die Zentren zur industriellen Vernichtung der Juden. Der typische Ablauf war folgender: Transport, Selektion bei Verlassen des Zugs, Tätowierung; Frauen, Kinder und Arbeitsunfähige kamen sofort in die Gaskammer oder ins Massengrab. Dieser Ablauf findet sich in der kommunistischen Welt meines Wissens nicht. Man kann diese sechs Namen nicht aussprechen, ohne dabei an die Dokumente, Zeugnisse, Untersuchungen, Meditationen, Gedichte, Gesänge und Gebete zu denken, die das Nichtmitteilbare mitzuteilen suchten. Nur von diesem Absolutum ausgehend und – wenn ich metaphorisch so sagen darf – von diesem als *terminus a quo* wohlverstandenen absoluten Nullpunkt jedes nachfolgenden Maßnehmens kann man den Versuch unternehmen, die physische Vernichtung durch das kommunistische Regime zu bewerten.

Raul Hilberg hat mit seinem Werk *Die Vernichtung der europäischen Juden* eine unendlich reich dokumentierte, gewissenhaft recherchierte und in allen Einzelheiten überprüfte Summe vorgelegt. Er hatte genauso große Schwierigkeiten, einen Verleger zu finden, wie Primo Levi, und so erschien die Untersuchung in Frankreich erst im Jahr 1985. Ein ähnlich zuverlässiges und detailliertes Werk über die kommunistische Vernichtung gibt es bisher nicht und kann es auf lange Zeit hinaus auch nicht geben. Ich übernehme Hilbergs Gliederung.

Die Vernichtung der europäischen Juden erfolgte in fünf Schritten:

1) Enteignungen
2) Konzentration
3) Operationen der mobilen Tötungseinheiten
4) Deportationen
5) Vernichtungszentren[1]

Legt man dieses Schema zugrunde, so zeigt sich, daß die Vernichtung im Kommunismus – mit Abwandlungen, die durch seine Natur und sein Projekt bedingt waren – die ersten vier Mittel ebenfalls kannte. Das fünfte benutzte er nicht, fügte indes zwei weitere hinzu, die der Nationalsozialismus nicht benötigte: die gerichtlich verfügte Hinrichtung und den Tod durch Verhungern.

DIE ENTEIGNUNG

Die Enteignung ist die erste Maßnahme der kommunistischen Staatsmacht. Es gehört zur Begriffsbestimmung des Kommunismus, daß alle sozialen Mißstände im Privateigentum wurzeln. Die Enteignung der »Produktionsmittel« geschieht daher gleich zu Anfang. Doch da das Besitzdenken im Volk getilgt und die Menschen der neuen Macht vollständig unterworfen werden müssen, folgt die Enteignung von Wohnungen, Bankguthaben, Land und Vieh logischerweise auf dem Fuße. Die Menschen behielten praktisch nur noch ihre Kleidung und ihr Mobiliar.

---

1 Raul Hilberg, *Die Vernichtung der europäischen Juden*, Frankfurt am Main 1990.

Reiche gab es in den kommunistischen Ländern zu jeder Zeit, aber als Eigentümer im eigentlichen Sinn konnte man sie nicht bezeichnen. Teils waren sie »illegale« Besitzer seltener Güter, teils Privilegierte, die als Lohn für politische Treue und kraft ihrer Stellung im System *Privilegien* genossen. Das Recht als unmittelbar an das Privateigentum gebundene Institution verschwand mit einem Schlag. Was blieb, waren in Rechtsform gegossene Parteibeschlüsse. Im nationalsozialistischen Deutschland traf die Enteignung und die Entrechtlichung der Lebensverhältnisse zunächst nur die Juden. Für die »Arier« existierten Recht und Eigentum zwar weiterhin, aber nur noch reduziert und in Restbeständen, die der Logik des Systems zufolge schließlich verschwinden sollten.

KONZENTRATION

Das Aussortieren und Ausfindigmachen der Opfer geschah im kommunistischen Regime nicht auf dieselbe Weise wie im Dritten Reich. Die Nationalsozialisten betrachteten die Juden in ihrem physischen Dasein gewissermaßen als eine Masse einzelner Infektionsherde. Wie bei einer Rattenvertilgung oder Mückenvernichtung mußte das Regime also sämtliche Winkel durchkämmen, in denen sie sich versteckt halten mochten, und es widmete sich dieser Aufgabe mit aller Gewissenhaftigkeit und stellte alles Nötige und Geld und Personal bereit. Der Kommunismus hatte eine umfangreichere, weil unklarer definierte Aufgabe zu bewältigen: Er hatte den »Feind des Sozialismus«, den »Volksfeind« zu vernichten. Der designierte, der institutionelle Feind war als erster unschädlich zu machen: Dazu gehörten der Reiche, der Adlige, der Bourgeois, der Kapitalist, der wohlhabende Bauer usw. Anschließend kamen diejenigen an die Reihe, die mutmaßlich feindliche Gefühle hegten, von der »Parteilinie« abwichen oder ihr auch nur gleichgültig gegenüberstanden. Sie waren im »Proletariat« und unter den »mittleren« und »armen« Bauern ebenso zu finden wie in der »fortschrittlichen« Intelligenzija. Auch in der Partei, in der Armee und in der Polizei stöberte man sie auf.

Die versteckten Feinde trugen keine sichtbaren Merkmale, keine körperlichen Erkennungszeichen wie etwa einen beschnittenen Penis, sie gehörten keiner fest umrissenen Gemeinschaft, keiner Abstammungsgruppe an. Man mußte sie erkennen, sie veranlassen, ihre geheimen Gedanken und Sabotageabsichten zu gestehen, sie »eliminieren«. Dies erforderte kontinuierliches Arbeiten, denn das Pensum war erheblich umfangreicher als im Nationalsozialismus. Daher waren die Polizei- und Repressionsorgane im Kommunismus auch mit mehr Personal ausgestattet als die deutsche Behörden, deren Aufgabe sich darin erschöpfte, die Juden ausfindig zu machen und in die Konzentrationslager zu transportieren. Die Gestapo kam mit einigen tausend Polizisten aus, der KGB brauchte fast 500 000. Die Stasi beschäftigte auf dem Gebiet der DDR mehr Leute als die Gestapo in ganz Deutschland.

Nach Raul Hilberg genügten zwei Jahre (1941-1942), um die »Endlösung« zu drei Fünftel umzusetzen. Die Aufgabe der sowjetischen »Organe« fand nie ein Ende. Vom November 1917 bis zum letzten Tag mußten sie die ganze Bevölkerung ein ums andere Mal überprüfen, durchsieben, ihre Daten aufnehmen, Akten führen.

DIE OPERATIONEN DER »MOBILEN TÖTUNGSEINHEITEN«

Hilberg zufolge fiel rund ein Viertel der ermordeten Juden – vielleicht aber auch mehr – mobilen Sondereinheiten zum Opfer. Die Einsatzgruppen und Sonderkommandos rückten hinter den regulären Truppen nach und exekutierten die Juden an Ort und Stelle, zumeist mit Maschinengewehren. Manche Einheiten der Wehrmacht halfen dabei.

Von solchen »Operationen mobiler Tötungseinheiten« machten die kommunistischen Regime ausgiebig Gebrauch. Tötungsaktionen unter freiem Himmel begleiteten die Rückeroberung der Ukraine, des Kaukasus, Sibiriens und Zentralasiens durch die Rote Armee. Massiv und systematisch eingesetzt wurden sie bereits während des Kriegs gegen die Bauern, der von 1919 bis zur Verkündung der »Neuen Ökonomischen Politik« (NÖP) dauerte. Gegen die Bauern, die enteignet und ausgehungert wurden, und gegen die (als Volk fast ausgerotteten) Kosaken fuhr die Rote Armee schweres Geschütz auf: Panzer und Giftgas. Vladimir Zazoubrine schildert das Vorgehen einer lokalen *Tscheka*-Gruppe in seinem 1923 geschriebenen Buch.[2] Lastwagen rollen an, darauf todgeweihte Menschen, dann reihenweise Hinrichtungen durch Genickschuß in einem weitläufigen Keller, der Abtransport der Leichen, die endlose Schlange der Lastwagen. Zur Zeit der Zwangskollektivierung gingen die Erschießungen unter freiem Himmel weiter, und während der großen Säuberung kamen Gaswagen zum Einsatz. Auch in China griff man wiederholt zu Hinrichtungen unter freiem Himmel: in den ersten beiden Jahren nach der Machtergreifung, zur Zeit des »Großen Sprungs nach vorn«, während der Kulturrevolution. Es gab sie in Korea, in Vietnam, in Äthiopien.

Die meisten Menschen fielen dieser Art der Hinrichtung in Kambodscha zum Opfer. Mangels moderner Ausrüstung wurde hier mit Messer, Hammer, Machete und Knüppel gemetzelt. Unter den Henkern, die auch als Folterknechte Geschick erwarben, befanden sich viele Kinder, deren Erziehung Angkor auf diese Weise wahrnahm. Die Massengräber werden derzeit geöffnet.

---

2 Vladimir Zazoubrine, *Le Tchékiste*, Paris (Christian Bourgois) 1990.

DIE DEPORTATION

Die Deportation ins Arbeitslager wurde vom Sowjetregime erfunden und systematisch ausgebaut. Der Nationalsozialismus ahmte diese Praxis nur nach. Das Wort *Lager* gibt es im Russischen wie im Deutschen. Die ersten Lager in Rußland wurden im Juni 1918 eröffnet, rund sechs Monate nach der Machtergreifung durch Lenin und seine Partei.

Deportation war in der Sowjetunion ein weit umfassenderes und vielschichtigeres Phänomen als im nationalsozialistischen Regime. In Deutschland gab es informelle Unterschiede zwischen den einzelnen Lagern: In manchen war die Sterblichkeit (Dachau) relativ gering, in anderen so hoch, daß sie einem Vernichtungslager gleichkamen (Dora). Das Lagersystem in der Sowjetunion war breiter gefächert und klarer gegliedert. Drei Kategorien lassen sich unterscheiden.

In die erste fällt die Deportation ganzer Völker – Tataren, Tschetschenen, Wolga-Deutsche usw. – und »sozialer« Gruppen: die zehn Millionen »Kulaken«. Die meisten Menschen starben während des Transports, der unter ungefähr denselben Bedingungen stattfand wie bei den Nationalsozialisten, nur daß er wesentlich länger dauerte. Sehr hoch war die Sterblichkeit auch im ersten Jahr der Deportation, da man die Betroffenen an ihrem Bestimmungsort in der zentralasiatischen Steppe oder der sibirischen Taiga oder Tundra ohne warme Kleidung, ohne landwirtschaftliches Gerät und ohne Saatgut zurückließ. In manchen Fälle starben dabei sämtliche Deportierten, einschließlich ihrer Bewacher und deren Hunde. Nach allgemeinen Schätzungen lag die durchschnittliche Sterblichkeit bei dieser Art der Deportation bei rund 50 Prozent. Die Deportation ganzer Völker war eine spezifisch russische Praxis, die sich in anderen kommunistischen Ländern nicht fand, sei's weil es dort an Raum fehlte, sei's weil das sozialistische Projekt nicht durch ethnische

Vielfalt kompliziert wurde. Die brutale und mörderische Aussiedlung der Deutschen aus Polen und der Tschechoslowakei nach dem Zweiten Weltkrieg ließe sich ebenfalls in diese Kategorie der Deportation einordnen.

Die zweite Art der Deportation endete im Arbeitslager. Der Gulag, der seine klassische Form in den dreißiger Jahren annahm, entwickelte sich zu einem ausgedehnten Verwaltungsapparat, der nach manchen Angaben bis zu 11 Prozent der Arbeitskräfte des Landes befehligte. Die Beschreibungen in der recht reichhaltigen Literatur bieten ein ähnliches Bild wie die Arbeitslager der Nationalsozialisten. Aufstehen, Appell, Arbeitskommando, »Normerfüllung«, entsprechende Lebensmittelrationen, Hunger, Schläge, Folter, Hinrichtungen: Der Tagesablauf des Häftlings Schalamow in Kolyma[3] folgt exakt dem des Häftlings Primo Levi in Auschwitz. Auch die konkreten Details stimmen überein: der allgemein verbreitete Diebstahl, das Einzelkämpfertum, die körperliche Erschöpfung, der langsame oder rasche Verfall der persönlichen Moral, dieselben Baracken, dieselben Pritschen, derselbe Schlaf, dieselben Träume. Einen Häftling, der am Ende ist, sich nicht mehr wehrt und bald sterben wird, bezeichnete man im deutschen Lager als »Muselmann«, im Sowjet-Lager als *dochodjaga*.

Einige Abweichungen waren durch den unterschiedlichen Organisationsgrad und das Klima bedingt. In Auschwitz wurde man von einer Glocke geweckt, in Kolyma schlug der Aufseher auf ein Stück Eisenbahnschiene. Die Toten wurden nicht in einem Krematorium verbrannt. Im Winter stapelte man die gefrorenen Leichen in Reihen übereinander, jede mit einem Schild am großen Zeh, und ließ sie liegen, bis man wieder Gräben ausheben konnte. Die schreckliche Kälte, die trostlose Landschaft und die unendliche Entfernung zur menschlichen Öku-

3 Warlam Schalamow, *Artikel 58: Die Aufzeichnungen des Häftlings Schalamow*, Köln 1967.

mene verliehen der Verzweiflung im riesigen Lager-Archipel im Nordosten Sibiriens einen besonderen Charakter. In manchen Lagern stieg die jährliche Sterblichkeit auf bis zu 30 oder 40 Prozent, was angesichts der langen Existenz des Sowjetregimes auf Vernichtung hinauslief – obgleich sich die sofortige Vernichtung nach Art von Treblinka, die keinerlei »Chance« ließ, nirgends fand.

Die dritte Kategorie bezieht sich auf eine im Umkreis des eigentlichen Gulag gelegene Zone, in der Zwangsarbeit und Hausarrest herrschten. Die Arbeitskräfte wurden auf Großbaustellen eingesetzt, beim Bau von Staudämmen, Kanälen und geheimen Waffenlagern. Wo dieser Bereich begann und wo er aufhörte, ist schwer zu sagen; schließlich genoß im Kommunismus niemand Freiheit. Verständlich daher, daß Bukowskij auf die Frage, wie viele Häftlinge es in der UdSSR gebe, scherzhaft antwortete: »270 Millionen«.

Lager waren fast im gesamten Herrschaftsbereich des Kommunismus verbreitet. In Rumänien etwa kostete der Bau des Donau-Schwarzmeer-Kanals 200 000 Menschen das Leben, will sagen, er diente zur Beseitigung der alten Elite. Über die Lager in Vietnam und in China – wo die Institution »Laogai« heißt – erreichen uns nur bruchstückhafte Informationen. Wie mir ein ehemaliger sowjetischer Lagerhäftling erzählte, glaubte sich ein nach Sibirien geflohener Laogai-Häftling im Paradies, als er im Lager meines Augenzeugen anlangte. Der Gulag verurteilte ihn zu einer zeitlich begrenzten Haftstrafe, während die Länge seines Lageraufenthalts in China nicht von vornherein feststand und vielmehr von seinem »moralischen Fortschritt« abhängig gemacht wurde (das Lager gilt als »Schule«). In Rußland führte man ihn abends in die Barackensiedlung zurück, in China kettete man ihn an seiner Arbeitsstelle fest. In den nordkoreanischen Lagern herrschen nach allem, was wir darüber bisher wissen – und das ist nicht eben viel –, haarsträubende Verhältnisse. Sie sind derzeit noch voll im Betrieb.

DIE GERICHTLICH VERFÜGTE HINRICHTUNG

Der Kommunismus bediente sich regelmäßig zweier Tötungsverfahren, die im Nationalsozialismus nur beiläufig Verwendung fanden. Eines davon ist die gerichtlich verfügte Hinrichtung.

Auf die Juden wandte der Nationalsozialismus dieses Verfahren deshalb nicht an, weil sie in seinen Augen nicht zur Gattung Mensch gehören und daher keinen Anspruch auf ein »gerechtes Gerichtsverfahren« haben. Nur bei Regimegegnern, Widerstandskämpfern und Partisanen ging der Exekution eine mehr oder weniger summarische, aber realitätsnahe Beweisaufnahme voraus.

Im Kommunismus muß der Hinrichtung durch ein Erschießungskommando, durch Genickschuß oder durch den Strick prinzipiell eine gerichtliche Untersuchung vorausgehen, damit das »Volk« oder sein Vertreter (ein Parteiorgan) Gelegenheit hat, den erklärten oder insgeheimen Feind zu erkennen und zu verurteilen. Machten die Kommunisten in der Anfangszeit noch kurzen Prozeß, so nahm die Hinrichtung in dem Maß, wie der Justizapparat (die *Prokuratura*) sich vervollkommnete, rechtliche Formen an. Zur Zeit des sogenannten »Großen Terrors«, der 1934 anhob, suchte man den Angeklagten Geständnisse abzupressen, und bediente sich dabei verschiedener Mittel, deren einfachstes und meistverbreitetes die Folter war.

Das Eigentümliche an diesem Zeitabschnitt war, daß die meisten Angeklagten – die ihre Festnahme vielfach nur der Tatsache verdankten, daß die Behörden ihr Verhaftungs-Soll erfüllen mußten – nicht das Geringste mit den gegen sie erhobenen Anschuldigungen zu tun hatten, sei's weil sie sich passiv verhielten und überhaupt außerstande waren, sich irgendeine Oppositionstätigkeit vorzustellen, sei's weil sie als aufrechte Kommunisten alle gebotene Liebe und Verehrung für Stalin empfanden. Dies erklärt nicht nur die quälende Angst, die auf der gesamten Bevölkerung lastete, sondern auch das allgemein verbreitete

Gefühl, in einer alptraumhaften Welt des Wahnsinns zu leben, denn die Rationalität dieser riesigen Zermalmungs- und Tötungsmaschinerie durchschaute damals niemand. Die Menschen lebten in ständiger Angst vor Verhaftung, weil sie sahen, wie ihre Nachbarn still und heimlich verschwanden, und nachts lauschten sie, das Kleiderbündel des Häftlings unter dem Bett, auf die Schritte im Treppenhaus. Die meisten kommunistischen Länder, die Volksdemokratien in Europa ebenso wie in Asien, erlebten solche Zeiten. Man kann mit Grund davon ausgehen, daß der »Große Terror« von Hitler inspiriert war. Die »Nacht der langen Messer«, jene Blitzsäuberung der NSDAP im Jahr 1934, kostete vielleicht achthundert Menschen das Leben. Stalin multiplizierte die Zahl mit dem Faktor Tausend.

DIE HUNGERSNOT

Das Gespenst der Hungersnot – nicht zu verwechseln mit der anhaltenden Knappheit an Grundbedarfsgütern – ging in der Geschichte der kommunistischen Regime immer wieder um, in der UdSSR ebenso wie in China, Äthiopien und Nordkorea.

Die meisten Hungersnöte waren eine Folge der kommunistischen Politik. Es gehört zum Wesen dieser Politik, daß sie sämtliche Untertanen zu kontrollieren beansprucht. Es war nicht zu dulden, daß die Bauern sich abseits der Machtstrukturen selbst organisieren. Ihre Enteignung und Eingliederung in den künstlichen Rahmen der Kolchose oder Volkskommune zog unweigerlich eine Subsistenzkrise nach sich. Zwar läßt sich nicht behaupten, daß die Machthaber absichtlich Hungersnöte herbeiführten, doch sie akzeptieren sie als Preis für ihre politischen und ideologischen Ziele. In Kasachstan sank die Bevölkerungszahl auf die Hälfte.

Indes, manche Hungersnöte waren durchaus beabsichtigt und wurden ausdrücklich zum Zweck der Ausrottung organisiert, wie zum Beispiel in den Jahren 1932/1933 in der Ukraine. Hier ging es nicht darum, irgendwelche Widerstandsaktionen der Bauern niederzuschlagen – die Zwangskollektivierung hatte ihren Widerstand längst gebrochen –, sondern darum, mit der nationalen Existenz des ukrainischen Volkes aufzuräumen. Völlig zu Recht wurde diese Aktion daher als Völkermord bezeichnet.

Als Mittel gebilligt oder als Zweck verfolgt, waren Hungersnöte das mörderischste Verfahren der kommunistischen Menschenvernichtung. Mehr als die Hälfte aller Toten, die dem System in der UdSSR angelastet werden können, gehen auf das Konto von Hungersnöten; in China liegt der Anteil möglicherweise bei 75 Prozent.

NAMEN UND ANONYMITÄT

Über die Anzahl der Juden, die der Nationalsozialismus vernichtet hat, gibt es dank der Forschung und der gottesfürchtigen Achtung der Juden vor den Toten immer genauere Angaben. Die Unterlagen der Reichsbahn verzeichnen für jeden Zug die Transportstärke und die Abfahrtszeit. In mühseliger Kleinarbeit werden die Namen der Deportierten aus den Listen herausgeschrieben und für die Nachwelt bewahrt Über die Anzahl der Menschen, die der Kommunismus vernichtet hat, gibt es nur Schätzungen, die um Dutzende von Millionen auseinanderklaffen. Das *Schwarzbuch des Kommunismus* spricht von 85 bis 100 Millionen Toten.

Daß man die einen, die wie Tiere hingeschlachtet wurden, als Menschen ehrt, während man die anderen, die – da sie zumindest als »Feind« anerkannt waren – auf vielleicht menschlichere Weise getötet wurden, wie Tiere vergißt – dieser schreckliche Unterschied erklärt sich nicht nur daraus, daß die Erinnerung im einen Fall von Gottesfurcht, im anderen von Gottlosigkeit getragen ist.

Zu berücksichtigen ist auch folgendes. Untersuchungen sind fast überall im ehemaligen und derzeitigen Herrschaftsbereich des Kommunismus noch immer unmöglich oder verboten. Es herrscht weithin der Wille, den Kommunismus der Amnesie zu überantworten, den Nationalsozialismus hingegen der Hypermnesie. Schließlich ist die unterschiedliche Natur der beiden Ideologien zu bedenken. Der Nationalsozialismus nimmt sich nacheinander bestimmte Gruppen vor, die verwaltungstechnisch klar abgrenzbar sind: die Behinderten kurz vor dem Krieg, anschließend die Juden, die Sinti und Roma usw. Die Dezimierungsaktionen des Kommunismus treffen die verschiedenen Opfergruppen hingegen gleichzeitig, letztere sind nur undeutlich definiert, der Zufall spielt herein, die gesamte Bevölkerung gilt im kommunistischen Herrschaftsbereich als potentielles Zielobjekt.

Die Tötungsart ist kein Bewertungskriterium. Zu widerstehen ist der Versuchung, eine Todesart als an sich grauenvoller einzustufen als eine andere; kein Tod läßt sich aus der Nähe betrachten. Niemand kann wissen, was ein Kind empfand, als es Zyklon B einatmete oder in einer ukrainischen Isba verhungerte. Da die Menschen außerhalb jeder Gerichtsbarkeit getötet wurden, muß man davon ausgehen, daß sie alle – die einen wie die anderen – einen schrecklichen Tod starben, weil sie unschuldig waren. Nur bei einem ordentlichen Gerichtsverfahren, nur wenn Gerechtigkeit herrscht, läßt sich überhaupt vorstellen, daß die eine oder andere Hinrichtungsart ehrenhafter sei als die andere, die Exekution durch das Schwert zum Beispiel ehrenhafter als die Hinrichtung durch den Strick. Da die Idee der Ehre den Vernichtungsaktionen unseres Jahrhunderts jedoch fremd ist, sind qualitative Unterscheidungen hier unmöglich und unangebracht.

KAPITEL 2
DIE ZERSTÖRUNG DER MORAL

Die physische Vernichtung – die Leichenberge, die Verwüstung der Erde – steht als augenscheinlichster Aspekt der Katastrophe im Mittelpunkt zahlreicher Untersuchungen und Initiativen zur Wiedergutmachung. Die unsichtbaren Zerstörungen im Umkreis waren wahrscheinlich weit größer, sie betrafen mehr Menschen, und ihre Behebung wird längere Zeit in Anspruch nehmen. Die Rede ist von der Zerstörung des Denkvermögens und der Seele vieler Zeitgenossen.

DIE DUMMHEIT

Die geistige Entstehungsgeschichte der beiden wichtigsten Ideologien in diesem Jahrhundert, die einen Teil der Menschheit in ihre Gewalt brachten, läßt sich nachzeichnen. An einschlägigen Arbeiten hierzu fehlt es nicht. Die Gefahr dabei ist, daß man leicht den Glauben gewinnt, die gewaltigen, tiefschürfenden Gedanken, aus denen jene Ideologien sich etwas herausgerissen haben, würden in ihnen fortleben. Dies hieße ihnen eine Würde und Ehrwürdigkeit verleihen, die sie nicht verdienen, hieße ihnen nachgeben, denn sie berufen sich auf diese Entstehungsgeschichte. Der Marxismus-Leninismus gab sich als Erbe einer bis auf Heraklit und Demokrit zurückreichenden Tradition aus. Er berief sich auf Lukrez, die Aufklärung, Hegel, die Wissenschaft ganz allgemein und verkaufte sich als Synthese und Vollendung von alledem. Der Nationalsozialismus bezog sich auf die griechische Tragödie, auf Herder, Novalis, einen anderen Hegel, Nietzsche und sicherte sich natürlich durch die moderne Wissenschaft seit Darwin ab. Man darf ihnen nicht glauben. Man säße einem Trugbild auf und liefe überdies Gefahr, die Geistesgrößen, die sie für sich reklamieren, in Verruf zu bringen. Am Ende wirft man Hegel oder irgendeinem anderen der angeführten Philosophen beziehungsweise Wissenschaftler gar vor, solche Nachkommen zu haben.

Das Trugbild löst sich auf der Stelle auf, wenn man sich nur einmal anschaut, wie die nationalsozialistischen und kommunistischen Führer im Kopf funktionieren. Das Deutungsraster, durch das sie die Welt wahrnehmen, ist von außergewöhnlicher Dürftigkeit. Zwei Klassen beziehungsweise Rassen stehen im Kampf. Die Definition dieser Klassen und Rassen macht nur innerhalb des betreffenden Denksystems, nur durch letzteres überhaupt einen Sinn, wobei jeder Realitätsgehalt des Klassen- und Rassenbegriffs aus dem Blick gerät. Und mit eben diesen verrückt gewordenen Begriffen erklärt sich der Ideologe nun die Natur des Kampfs, rechtfertigt ihn und interpretiert in ihrem Licht die Handlungen seiner Gegner ebenso wie die seiner Verbündeten. Die Mittel, die er einsetzt, um sein Ziel zu erreichen, zeugen mitunter von List und Schlauheit – der Kommunismus brachte mit Lenin, Stalin, Mao und Ho Chi Minh in der Tat fähigere Führer hervor als Hitler –, doch die Gesamtlogik des Systems bleibt absurd, der Zweck unerreichbar.

Psychisch zeichnet sich der Aktivist durch fanatisches Engagement für sein System aus. Die zentrale Vision strukturiert sein gesamtes Begriffsvermögen und Wahrnehmungsfeld, bis in die Randbereiche hinein. Die Sprache verändert sich. Sie dient nicht mehr der Mitteilung oder der Meinungsäußerung, sondern fungiert nur noch als Mittel, um den mangelnden Zusammenhang zwischen Interpretationssystem und Wirklichkeit zu kaschieren. Sie hat die magische Funktion zu erfüllen, die Wirklichkeit nach Maßgabe der Weltanschauung zurechtzubiegen. Jede einzelne Formel dieser liturgischen Sprache drückt die Zustimmung des Sprechenden zum System aus und fordert den Gesprächspartner zu ebensolcher Zustimmung auf. Die Signalworte sind Drohungen und geben sich als Gestaltungen einer Staatsmacht zu erkennen.

Man kann unter der Herrschaft der Ideologie keinen klaren Kopf bewahren. Der Nationalsozialismus hat einige herausragende Geister wie Heidegger und Carl Schmitt verführt. Sie projizierten ihr eigenes Denken auf den Nationalsozialismus – ihren tiefgreifenden Antimodernismus, ihre abgrundtiefe Demokratiefeindlichkeit, ihren metaphysisch gewendeten Nationalismus –, und in der Tat schien sich der Nationalsozialismus diese Denktradition durchaus zu eigen zu machen, nur daß ihm das Philosophische, Tiefgründige, Metaphysische, kurz: all das, was im geistigen Leben dieser Philosophen Wert besaß, völlig fremd war. Auch sie saßen dem Trugbild der Entstehungsgeschichte auf.

Der Marxismus-Leninismus rekrutierte stets nur Geister zweiten Rangs, einen Lukács zum Beispiel. Sie büßten ihr Talent schon bald ein. Die kommunistischen Parteien konnten sich einiger berühmter Mitglieder rühmen: Aragon, Brecht, Picasso, Langevin, Neruda. Ihr Beitritt war eher ein Ergebnis des Zufalls, der Gemütsverfassung, des Interesses, der Umstände, und damit dies so blieb, sorgten die KPs dafür, daß sie sich nur am Rande am Parteileben beteiligen konnten. Doch trotz des oberflächlichen Charakters ihrer Mitgliedschaft hatte ihre Kunst zu leiden – die Malerei Picassos (siehe *Massacres de Corée*) ebenso wie die Dichtung Nerudas oder Aragons. Allein als Provokation mag sie künstlerisch noch durchgehen. Daß sich auch bedeutendere Geister der Ideologie verschrieben, erklärt sich aus dem zufälligen Zusammentreffen verschiedener Leidenschaften, deren Natur der Ideologie äußerlich ist. Sobald sie jedoch mit dem Kern der Ideologie in Berührung kamen, begannen die

Leidenschaften zu welken, und übrig blieb mitunter nur noch Dummheit.

Manche kommunistische Führer wie Stalin und Mao ließen einen Abriß der Lehre anfertigen und unter ihrem Namen veröffentlichen. Er findet auf wenigen Seiten Platz und enthält die Gesamtheit der Doktrin. Gehobenere Abhandlungen als diese Lehrbücher sucht man vergeblich, obwohl die mitunter sich findende Bezeichnung als »Grundlehrgang« die Existenz gelehrterer Werke vorspiegelt, die den Inhalt ersterer allerdings nur weitschweifig auswalzen würden. Ihr »Studium« war gleichwohl vorgeschrieben, will sagen, die Untertanen mußten Hunderte von Stunden damit zubringen, die Lehrsätze nachzubeten und wiederzukäuen. Im nationalsozialistischen Herrschaftsbereich gab es derlei Kompendien nicht. Der »Volksgenosse« hatte sein Denken an den Führer abzudanken, der sich als Orakel und Sprachrohr der Vorsehung präsentierte. Eine Inhaltsanalyse ergibt ein elendes Gebräu aus Sozialdarwinismus, Eugenik, einem vage an Nietzsche anschließenden Haß auf das Christentum, einer Religion des »Ressentiments« und einem pathologischen Antisemitismus.

Der Nazionalsozialist und der Kommunist bieten sich für klinisch-psychiatrische Untersuchung an. Sie erscheinen als Gefangene ihrer Vorstellungen, abgedichtet gegen jede Realität. Sie können mit ihrem Gegenüber unendlich im Kreis herum argumentieren und sind trotz ihrer Verblendung überzeugt, vernünftig zu denken. Psychiater haben diese Geistesverfassung daher in die Nähe des systematischen und chronischen Wahnsinns gerückt und mit Schizophrenie und Paranoia verglichen. Bei näherer Betrachtung erweist sich diese Beschreibung indes als bloße Metapher. Der künstliche Charakter des Wahnsinns zeigt sich am deutlichsten an seiner Aufhebbarkeit. Wenn der Druck nachläßt und die Umstände sich ändern, erwacht der Betroffene schlagartig, wie aus einem Traum. Allerdings handelt es sich dabei um einen Tagtraum, der die motorischen Fähigkeiten nicht blockiert und sich durch eine gewisse rationale Stimmigkeit auszeichnet. Außerhalb des vom Wahnsinn befallenen Bereichs, außerhalb der höheren Geistessphäre, in der beim gesunden Menschen die Religion, die Philosophie, die – mit Kant zu reden – »regulativen Ideen der reinen Vernunft« sitzen, scheinen die Verstandesfunktionen intakt zu sein, nur daß sie polar auseinandertreten und dem an der Spitze regierenden Wahnsinn gehorchen. Nach dem Erwachen ist der Kopf leer, und der Erwerb von Lebenserfahrung und Wissen beginnt von vorn. Deutschland, einhundert Jahre lang das Athen Europas, erwachte abgestumpft aus zwölfjähriger Nazi-Herrschaft. Wie nun erst Rußland, das geistig auf schwächeren und unsichereren Füßen stand und der Pädagogik des Absurden sechzig Jahre lang ausgeliefert war!

Diese künstlichen Geisteskrankheiten wirken ansteckend und verbreiten sich wie eine Seuche. Man hat sie daher mit der Pest und der Grippe verglichen. Formal betrachtet, griff der deutsche Nationalsozialismus im Jahr 1933 oder die chinesische Kulturrevolution in der Tat wie eine ansteckende Krankheit um sich. Indes, bis wir über diese psychischen Pandemien mehr wissen, wollen wir den Vergleich nur im metaphorischen Sinn gelten lassen.

Die Dummheit bildet den allgemeinen Hintergrund der moralischen Zerstörung. Der Ausfall des allen Menschen von Natur gegebenen Gewissens setzt eine Störung der Weltwahrnehmung und des Verhältnisses zur Wirklichkeit voraus. Ob diese Verblendung einen mildernden Tatumstand darstellt oder aber integraler Bestandteil des Übels ist, werde ich hier nicht erörtern. Für eine moralische Beurteilung ist diese Frage unerheblich.

DIE NATIONALSOZIALISTISCHE VERFÄLSCHUNG DES MORALISCH GUTEN

Wer den Versuch unternimmt, die Operationen ins Auge zu fassen, denen das jüdische Volk in den genannten sechs Lagern unterzogen wurde, dem fehlen die Worte, dem mangelt es an geeigneten Begriffen, die Vorstellungskraft versagt ihren Dienst, das Gedächtnis weigert sich zu erinnern. Wir befinden uns außerhalb des Menschlichen, als wären wir mit einer negativen Transzendenz konfrontiert. Unweigerlich stellt sich der Gedanke ein, daß wir es hier mit etwas Dämonischem zu tun haben.

Signum des Dämonischen ist in unseren Augen, daß diese Taten im Namen eines Guts, unter dem Deckmantel einer Moral begangen wurden. Die Zerstörung der Moral bedient sich der Verfälschung des moralisch Guten, damit der Verbrecher das Bewußtsein, Böses zu tun, in einem unmöglich näher bestimmbaren Maße auf Distanz halten kann.

Himmler hat während des Krieges zahlreiche Reden vor hochrangigen SS-Offizieren und Polizeiführern gehalten.[1] Ihr Ton ist stets der einer moralischen Ermahnung. Im folgenden möchte ich einen Ausschnitt aus der Rede vom 9. Juni 1942 zitieren, der sich über die zufälligen Zeitumstände und unmittelbaren Interessen hinaus zum Universellen erhebt:

»Aber alles, was wir tun, muß der Sippe gegenüber, den Ahnen gegenüber verantwortet werden. Wenn wir diese allertiefste und allerbeste, weil allernatürlichste moralische Verankerung nicht finden werden, werden wir nicht fähig sein, auf dieser Ebene das Christentum zu überwinden und das germanische Reich zu bilden, das ein Segen für die Erde sein wird. Das ist ja unser Auftrag als Volk auf dieser Erde. Seit Jahrtausenden war es der Auftrag

---

1 Heinrich Himmler, *Geheimreden 1933 bis 1945 und andere Ansprachen*, hrsg. von Bradley F. Smith und Agnes F. Peterson, Frankfurt am Main/Berlin/Wien, 1974.

dieser blonden Rasse, die Erde zu beherrschen und ihr immer wieder Glück und Kultur zu bringen.«

Das moralisch Gute besteht nach Ansicht der Nationalsozialisten in der Wiederherstellung einer durch die Geschichte verdorbenen natürlichen Ordnung. Verhängnisvolle Zeitumstände brachten die richtige Rangordnung der Rassen durcheinander: das Christentum, »diese größte Pest, die uns in der Geschichte anfallen konnte«, die Demokratie, die Herrschaft des Goldes, der Bolschewismus, die Juden. Das Deutsche Reich sei die Krone der Naturordnung, in der indes auch die anderen Germanen, die Skandinavier, Holländer und Flamen, ihren Platz hätten. Sogar das britische Empire, »ein Weltreich geschaffen von der weißen Rasse«, dürfe bestehen bleiben. Eine Stufe darunter stünden die Franzosen und Italiener, gefolgt von den Slawen, die versklavt und dezimiert werden müßten. Himmler faßte eine »Verminderung« um 30 Millionen Menschen ins Auge. Auch innergesellschaftlich werde die natürliche Ordnung wiederhergestellt. Nur die Besten, Härtesten, Reinsten und Ritterlichsten, deren lebendiges Beispiel die Elite der Waffen-SS sei, sollen nach dem Willen der naturgegebenen Ordnung herrschen. Als Himmler diese Rede hielt, hatte man die unheilbar Kranken, die Behinderten und die Geistesgestörten deutscher »Rasse« in den Krankenhäusern und Nervenheilanstalten bereits heimlich umgebracht.

Dies alles, fährt Himmler fort, werde nicht ohne einen Kampf von außerordentlicher Härte abgehen. Ständig appelliert er in seinen Reden an das Heldentum, die Selbstüberwindung und das Pflichtbewußtsein seiner Zuhörer, vor allem wenn es um die Ausführung unangenehmer Befehle geht:

»Es muß unsere Generation und gerade dieses Führerkorps wie die gesamte SS auszeichnen, daß [–] auch wir geistige und weltanschauliche Aufgaben angreifen, dem Schicksal antworten, es mag kommen, was will, daß wir immer wieder stehen, niemals umfallen, niemals schwach werden, sondern immer wieder antreten, bis das Leben beendet ist oder bis unsere Aufgabe von dem Einzelnen für einen Zeitabschnitt erfüllt ist.«

In mancher Hinsicht sei die »Endlösung« ein rein technisches Problem, wie das Entlausen bei Typhus-Gefahr: »Es ist keine Weltanschauungsfrage, daß man Läuse entfernt. Das ist eine Reinlichkeitsangelegenheit. [–] Wir sind bald entlaust« (24. April 1943). Die Metapher der Insektenvertilgung ist ein ständig wiederkehrender Topos der Vernichtungsideologie. Bereits Lenin hatte sie verwendet. Himmler möchte damit als guter Führer seine Zuhörerschaft ermuntern und ermutigen. Er weiß, daß diese Aktionen nicht so leicht sind, daß falsche Skrupel auftauchen können und daß man sich für die Durchführung gewisser Aufgaben »immer bewußtmachen muß, daß wir uns in einem Rassenkampf befinden, einem primitiven, natürlichen und ursprünglichen« (1. Dezember 1943). Diese Attribute beschreiben treffend die Tonlage der nationalsozialistischen Ethik.

In seiner Rede vom 6. Oktober 1943 legt Himmler seine Konzeption der Endlösung dar:

»Der Satz ›Die Juden müssen ausgerottet werden‹ mit seinen wenigen Worten, meine Herren, ist leicht ausgesprochen. Für den, der durchführen muß, was er fordert, ist es das Allerhärteste und Schwerste, was es gibt. Sehen Sie, natürlich sind es Juden, es ist ganz klar, es sind nur Juden, bedenken Sie aber selbst, wie viele – auch Parteigenossen – ihr berühmtes Gesuch an mich oder irgendeine Stelle gerichtet haben, in dem es hieß, daß alle Juden selbstverständlich Schweine seien, daß bloß der Soundso ein anständiger Jude sei, dem man nichts tun dürfe. Ich wage zu behaupten, daß es nach der Anzahl der Meinungen in Deutschland mehr anständige Juden gegeben hat als überhaupt nominell vorhanden waren. [–]

Ich bitte Sie, das, was ich Ihnen in diesem Kreise sage, wirklich nur zu hören und nie darüber zu sprechen. Es trat an uns die Frage heran: Wie ist es mit den Frauen und Kindern? – Ich habe mich entschlossen, auch hier eine ganz klare Lösung zu finden. Ich hielt mich nämlich nicht für berechtigt, die Männer auszurotten – sprich also umzubringen oder umbringen zu lassen – und die Rächer in Gestalt der Kinder für unsere Söhne und Enkel groß werden zu lassen. Es mußte der schwere Entschluß gefaßt werden, dieses Volk von der Erde verschwinden zu lassen. Für die Organisation, die den Auftrag durchführen mußte, war es der schwerste, den wir bisher hatten. Er ist durchgeführt worden, ohne daß – wie ich glaube sagen zu können – unsere Männer und unsere Führer einen Schaden an Geist und Seele erlitten hätten. Diese Gefahr lag sehr nahe. Der Weg zwischen den beiden hier bestehenden Möglichkeiten, entweder zu roh zu werden, herzlos zu werden und menschliches Leben nicht mehr zu achten oder weich zu werden und durchzudrehen bis zu Nervenzusammenbrüchen – der Weg zwischen dieser Scylla und Charybdis ist entsetzlich schmal.«

Die tugendhafte rechte Mitte, die Himmler forderte, wurde von manchen tatsächlich erreicht. Mehrere führende Henker des Nazi-Regimes zeigten sich in der Tat als zärtliche Familienväter und liebevolle Ehegatten. Sie gingen ihrer »Arbeit« ohne »selbstsüchtige« Beweggründe, in aller Ruhe und mit starken Nerven nach. Wer sich hingegen dem Alkohol hingab, ein Mädchen vergewaltigte, die Deportierten zum eigenen Nutzen ausraubte oder sich zu unnötigen sadistischen Handlungen hinreißen ließ, machte sich der Disziplinlosigkeit schuldig, bewies mangelnden Ordnungssinn, verletzte die nationalsozialistischen Ideale und verdiente folglich Tadel und Bestrafung.

Die nationalsozialistische Moral verlangt, der naturgegebenen Ordnung zu folgen. Doch eben diese Ordnung ist kein Ergebnis der Anschauung, vielmehr ein abgeleitetes Produkt des ideologischen Wissens. Die »blonde Rasse« repräsentiert das Gute, die »jüdische« das Böse. Der kosmische Kampf wird nur mit dem Sieg der einen oder der anderen Rasse enden.

Alles daran ist falsch. Es gibt keine Rassen im Sinn der Nationalsozialisten. Der große, blonde Arier existiert nicht, auch wenn sich Deutsche finden, die groß und blond sind. Ebensowenig existiert der Jude, wie die Nationalsozialisten ihn sich vorstellen, deckt sich ihre Konzeption von den Juden als Rasse doch nur punktuell und zufällig mit der eigentlichen Identität des Volks des Alten Bunds. Der Nationalsozialist glaubt die Natur zu sehen, doch die Natur verbirgt sich hinter dem Deutungsraster. Auch die historische und militärische Situation kann er nicht unentstellt wahrnehmen. Wegen seines »Nationalsozialismus« beginnt Hitler den Krieg, und wegen seines Nationalsozialismus verliert er ihn. Stalin konnte seine Ideologie hintanstellen, bis er den Sieg vorbereitet hatte – darin bestand seine Überlegenheit. Die leninistische Ideologie war insofern »besser«, als sie solche Pausen gestattete und zu einer politischen Geduld befähigte, zu der sich der Nationalsozialismus, impulsiv und konvulsiv wie er war, außerstande zeigte.

Die nationalsozialistische Ethik negiert die ethische Überlieferung der gesamten Menschheit. Nur ein paar intellektuelle Außenseiter hatten es gewagt, gewisse Themen des Nationalsozialismus aus ästhetischer Provokation in die Debatte zu werfen. In der Tat spielt diese Ethik mit ihrer Art von Naturalismus – ihrem Ideal des Übermenschen, ihrem Willen zur Macht, ihrem Nihilismus und Irrationalismus – in die Ästhetik hinüber. Künstlerischen Kitsch produziert sie, an dem sich der Betrachter berauschen soll, wie an den Inszenierungen von Nürnberg, der Kolossalarchitektur eines Speer, der düsteren Pracht der rohen Gewalt. Als Moral kann sie in der Geschichte keine ernstzunehmenden Nachfolger finden. Schon daran zeigt sich ihre Widernatur; sie ist nicht verallgemeinerungsfähig. Diese beiden Schwächen machen ihren Gegensatz zum Kommunismus aus.

Und aus genau diesem Grund wirkte die nationalsozialistische Moral weniger ansteckend als die kommunistische, waren der moralischen Zerstörung engere Kreise gezogen. Die »minderwertigen«, »untermenschlichen« Rassen erblickten in dieser Lehre eine unmittelbare Todesdrohung, konnten also nicht in Versuchung geraten. Selbst das deutsche Volk folgte Hitler, soweit es sich hinreißen ließ, eher aus Nationalismus denn aus nationalsozialistischer Gesinnung. Der Nationalismus, eine natürliche Leidenschaft, die die Menschen seit 200 Jahren in einzigartiger Weise bewegt, lieferte zu den künstlichen Gestaltungen des Nazi-Regimes wie im übrigen auch zum kommunistischen Regime den Brennstoff. Einige Angehörige der deutschen Elite hatten die Machtübernahme des Kanzlers unterstützt, doch das Herrenmenschentum der Hitlerschen Gefolgsleute hatte mit der alten Elite nichts zu tun. Die an Nietzsche orientierte Elite ging dem Nationalsozialismus ebenso auf den Leim wie alle anderen. Das Offizierscorps verhielt sich aus militärischer Tradition loyal und bemühte gegebenenfalls ein wenig Kantianismus und Hegelianismus. Die Soldaten gehorchten, wie Soldaten gehorchen.

Aus all diesen Gründen unterlag die theoretische Pointe des Nationalsozialismus – die physische Vernichtung des jüdischen Volks und, hierarchisch abgestuft, der anderen Völker – der Geheimhaltung; sie war eines der bestgehüteten Geheimnisse des Reichs. Die sogenannte »Reichskristallnacht«, ein Test, ein Versuch, das deutsche Volk einzustimmen und zum Mitmachen zu bewegen, war politisch ein Fehlschlag. Deshalb beschloß Hitler, die sechs Tötungszentren außerhalb der Grenzen des historischen Deutschland zu errichten.

Die Zerstörung der Moral durch den Nationalsozialismus läßt sich in Form konzentrischer Kreise beschreiben. Im Zentrum, das man sich anhand der zitierten Äußerungen Himmlers ausmalen kann, saßen diejenigen, die sich voll und ganz zum Nationalsozialismus bekannten. Ihre Zahl war klein und beschränkte sich auf das Herz der Partei, das Herz der Waffen-SS, das Herz der Gestapo. Die Praktiker der Vernichtung waren noch weniger zahlreich. Sehr viele brauchte man nicht, der hohe technologische und industrielle Entwicklungsstand Deutschlands sparte Arbeitskräfte. Die wenigen hundert SS-Offiziere, die die Lager leiteten, delegierten die »manuellen« Aufgaben an die Opfer selbst. Die Einsatzgruppen rekrutierten ihr Personal ohne vorbereitende Qualifizierungsmaßnahmen. Bekanntlich hatte theoretisch jeder die Möglichkeit, dieses Mördercorps zu verlassen. Allerdings erwarteten ihn in diesem Fall große Unannehmlichkeiten, vor allem die Verlegung an die Ostfront. Diese Männer waren Monster, oder sie sind es geworden. Es ist nicht sicher, daß sie alle überzeugte Nationalsozialisten waren. In jeder Bevölkerung läßt sich stets die benötigte Anzahl an Folterknechten und Mördern rekrutieren. Der ideologische Firnis erleichterte, wozu sie berufen waren, und half bei der Arbeit.

Wie in der Literatur wiederholt hervorgehoben, konnte der Wehrmacht nicht verborgen bleiben, was die Einsatzgruppen taten, die in ihrem Rücken operierten. Der Bestimmungsort der Transporte, die Liquidierung der Gettos ließ für Rätselraten wenig Raum. Obwohl die unmittelbare Umgebung der Todeslager Sperrgebiet war, sickerten schließlich doch Informationen durch. Hilberg schreibt, das Geheimnis war ein »allgemein bekanntes Geheimnis«. Dies ist zweifellos richtig, doch gilt es zwei Dinge zu bedenken.

Ein allgemein bekanntes Geheimnis ist nicht dasselbe wie eine erklärte Politik und öffentliche Tatsache. Die Deutschen verhielten sich als Mitläufer, aus militärischer und Bürgerdisziplin, aus Nationalismus, aus Angst, aus Unfähigkeit, sich einen Akt des Widerstands vorzustellen oder in die Tat umzusetzen. Mag die Existenz der Todeslager auch ein offenes Geheimnis gewesen sein, so sprach die Geheimhaltung gleichwohl von unmittelbarer moralischer Verantwortung frei, erlaubte zumindest, herumzulavieren, wegzuschauen, so zu tun, als gäbe es sie nicht. Die unter dem Nationalsozialismus fortbestehende Gesellschaft bewahrte noch immer Relikte von Rechtsstaatlichkeit. Das Offizierscorps zählte nicht wenige Männer, die den kanonischen Regeln des Kriegs treu blieben und sich mit mehr oder weniger Erfolg bemühten, einen gewissen Begriff von Ehre zu bewahren. Da das Eigentum noch nicht abgeschafft war, existierte weiterhin eine *societas civilis*. Der Film *Schindlers Liste* zeigt, daß ein deutscher Unternehmenseigentümer trotz allem die Möglichkeit besaß, jüdische Arbeitskräfte zu beschäftigen und ihnen Schutz zu gewähren. In Rußland war dies bereits in den ersten Jahren des Kommunismus nicht mehr möglich.

Das Geheimgehaltene war für einen normal funktionierenden Kopf nicht glaubwürdig. Da die meisten Deutschen noch immer unter natürlichen gesellschaftlichen und moralischen Verhältnissen lebten und nicht ahnten, was ihnen bevorstand, war es für sie um so schwieriger, an die Realität dessen zu glauben, was man ihnen vorenthielt, und die stichhaltigen Verdachtsmomente und eindeutigen Hinweise für wahr zu halten. Die Juden selber, als sie nach Enteignung, Konzentration und Deportation vor den Gaskammern standen, glaubten noch immer nicht, was sie erwartete.

Die nationalsozialistische Pädagogik war nur einige Jahre im Amt. Bei der Besetzung Deutschlands verflog der Nationalsozialismus im Nu (zumindest in der Westzone, im Osten wurde er zum Teil in Dienst genommen). Der Hauptgrund dafür war, daß er von allen deutschen und internationalen Gerichten verurteilt wurde. Überdies hatte er in einem Großteil der deutschen Bevölkerung nie tiefe Wurzeln geschlagen. Und schließlich verstanden die Nationalsozialisten, nachdem sie erwacht waren, selber nicht recht, wie ihre vormalige, unter dem magischen Einfluß der Ideologie entstandene Haltung mit ihrem Leben nach Auflösung dieses Einflusses zusammenhing. Eichmann fand sich in seiner eigentlichen Wesensart als mittlerer Angestellter wieder, der er zuvor war und erneut geworden wäre, wenn man ihn nicht gefaßt und bestraft hätte. Unbewegt nahm er die Bestrafung hin, wie es seinem farblosen Charakter entsprach. Zwischen den Taten, die man ihm vorwarf, und dem beschränkten Bewußtsein dieses banalen Menschen existierte, wie Hannah Arendt ausführte, kein gemeinsames Maß.

DIE KOMMUNISTISCHE VERFÄLSCHUNG DES MORALISCH GUTEN

Der Kommunismus ist ein Moralsystem. Der moralische Imperativ durchzieht die gesamte Vorgeschichte des Bolschewismus – den französischen und deutschen Sozialismus ebenso wie den russischen Populismus –, und sein Sieg wurde als ein Sieg des Guten gefeiert. Die Ästhetik gewann gegenüber der Ethik nie die Oberhand. Der Nationalsozialist versteht sich als Künstler, der Kommunist als Kämpfer für Recht und Tugend.

Grundlage der Moral ist das Interpretationssystem, sie leitet sich vom Wissen ab. Die ursprüngliche Natur, lehrt die Doktrin, ist nicht die hierarchisch gegliederte, grausame, unbarmherzige Natur, für die sich der nationalsozialistische Übermensch begeisterte. Vielmehr ähnelt sie der guten Natur bei Rousseau. Nun ist sie verlorengegangen, doch der Sozialismus wird sie auf höherem Niveau wiederherstellen, und der Mensch wird sich voll entfalten können. Trotzki behauptete, das Durchschnittsniveau der neuen Menschheit werde auf der Höhe eines Michelangelo oder Leonardo da Vinci liegen. Der Kommunismus demokratisiert den Übermenschen.

Jeder Fortschritt der Natur ist ein historischer Fortschritt, denn der historische und dialektische Materialismus garantiert die Einheit von Natur und Geschichte. Der Kommunismus macht sich das große Thema der Aufklärung, den Fortschritt, zu eigen und befindet sich damit im Gegensatz zum Nationalsozialismus, der von Niedergang und Verfall geplagt wird. Allerdings schließt dieser Fortschritt in all seiner unvermeidlichen Dramatik ungeheure Zerstörungen ein. Versatzstücke der Hegelschen Pantragik spielen herein, ein auf die Gesamtgesellschaft bezogener darwinistischer Kampf ums Überleben ist erkennbar. Die »gesellschaftlichen Produktionsverhältnisse« – »Sklavenhaltergesellschaft«, »Feudalismus«, »Kapitalismus« – folgen einander nach Art der übergeordneten Gruppen im Tierreich, wie etwa die Säugetiere den Reptilien. In dieser Hinsicht herrscht stillschweigendes Einverständnis zwischen Nationalsozialismus und Kommunismus: Es hat keinen Sinn, schon Geschehenes zu beklagen; wer Pfannkuchen essen will, muß Eier schlagen; wo gehobelt wird, fallen Späne – alles Sprichwörter, die Stalin geläufig waren. Nach kommunistischer wie nach nationalsozialistischer Lehre gibt die Geschichte den Ton an. Der Nationalsozialismus wird die Welt in ihrer Schönheit wiederherstellen, der Kommunismus in ihrer Güte.

Die Wiederherstellung des Ursprünglichen hängt vom ideologisch aufgeklärten Willen der Menschen ab. Der Leninismus gehorcht deutlicher noch als der Nationalsozialismus dem gnostischen Schema der zwei widerstreitenden Prinzipien und drei Zeitalter. Am Anfang war die Zeit der Urgemeinschaft, die Zukunft bringt den Kommunismus, und heute ist die Zeit des Kampfs zwischen den beiden Prinzipien. Alle »fortschrittlichen« Kräfte sind gut, alle »rückschrittlichen« böse. Die (wissenschaftlich abgesicherte) Ideologie beschreibt das böse Prinzip. Dabei handelt es sich nicht um ein biologisches Gebilde (eine minderwertige Rasse), sondern um eine gesellschaftliche Instanz, die eigentlich die gesamte Gesellschaft durchzieht: das Eigentum, der Kapitalismus, der Komplex der Sitten, des Rechts und der Kultur, der auf dem bösen Prinzip aufbaut und sich als »Geist des Kapitalismus« zusammenfassen läßt. Diejenigen

Menschen, die die drei Zeitalter und die zwei Prinzipien verstanden haben, die das Wesen der Ordnung von Natur und Geschichte und die Richtung ihrer Entwicklung kennen und die wissen, wie man letztere beschleunigt, finden sich zusammen und bilden die Partei.

Gut sind daher alle Mittel, die den vom Revolutionär vorgesehenen Endzweck herbeiführen. Da es sich hierbei ebensosehr um einen Naturprozeß wie um einen geschichtlichen Prozeß handelt, ist die Zerstörung der alten Ordnung eigentlich als Sühneopfer zu verstehen, das die neue Ordnung herbeiführt. Bakunins Formulierung – ein Kondensat seines Hegelverständnisses – dient dem Bolschewismus als Handlungsmaxime: Der Geist der Zerstörung und der Geist der Schöpfung sind ein und dasselbe. Die Helden der Narodniki in der Vorgeschichte des Bolschewismus waren sich der moralrevolutionären Implikationen dieser Konzeption deutlich bewußt. Tschernyschewski, Netschajew und Tkatschew entwarfen in ihrer Literatur das Bild eines »neuen Menschen«, das Dostojewski, dem der metaphysische Sinn dieser Konstruktionen klar vor Augen stand, satirisch aufs Korn nahm. Der neue Mensch macht sich die neue Moral der rückhaltlosen Hingabe an den Zweck zu eigen und übt sich, unerbittlich gegen sich selbst, alle Überbleibsel der alten Moral aus sich auszumerzen, welche der »Klassenfeind« propagiert, um seine Herrschaft zu verewigen. Lenin verlieh der kommunistischen Ethik kanonische Gültigkeit. Trotzki schrieb ein kleines Werk mit dem allessagenden Titel: *Ihre Moral und unsere.*

Erstaunlich daran ist, daß nicht alle Menschen außerhalb des revolutionären Milieus diesen Bruch mit der alten Moral als solchen wahrnehmen. In der Tat bedient sich der Kommunismus der Worte der alten Moral, um die neue zu beschreiben: Gerechtigkeit, Gleichheit und Freiheit führt er im Mund. Daß die Welt, die zu zerstören er antritt, voller Ungerechtigkeit und Unterdrückung ist, duldet keinen Zweifel. Der Tugendhafte muß unumwunden einräumen, daß die Kommunisten diese Mißstände mit außerordentlicher Schärfe anprangern. Im Verein mit den Kommunisten konstatiert er, daß die ausgleichende Gerechtigkeit nicht respektiert wird. Der Gerechtigkeitsvorstellung folgend, tritt der gute Mensch für eine bessere Verteilung des Reichtums ein. Für den Kommunisten indes ist Gerechtigkeit nicht gleichbedeutend mit »gerechter« Verteilung. Gerechtigkeit setzt für ihn vielmehr die Einführung des Sozialismus voraus, mithin die Abschaffung des Privateigentums, wodurch jede weitere Verteilungsmaßnahme, die Idee der Verteilung selbst und schließlich auch das damit zusammenhängende Privatrecht hinfällig werden. Wenn die Kommunisten daran arbeiten, die bestehende Ungleichheit zu Bewußtsein zu bringen, so beabsichtigen sie nicht, einen Mangel an Recht aufzuzeigen, sondern den Wunsch nach einer Gesellschaft zu wecken, die sich nicht über Rechtsverhältnisse reguliert. Desgleichen soll die kommunistische Freiheitsidee dem einzelnen bewußt machen, daß er unterdrückt wird und nur ein Opfer der kapitalistischen Entfremdung ist, wo er sich frei glaubt. Sämtliche Worte, die bestimmte Modalitäten des moralisch Guten ausdrücken – Gerechtigkeit, Freiheit, Menschlichkeit, Güte, Großzügigkeit, Selbstverwirklichung – werden mit Blick auf das eine Ziel instrumentalisiert, das sie alle enthält und realisiert: den Kommunismus. Im Licht der kommunistischen Idee nehmen die Worte der alten Moral eine neue Bedeutung an, nur den Klang haben sie mit der alten Terminologie noch gemein.

Dabei hätte sich jede Verwechslung anhand einfacher Kriterien von vornherein ausschließen lassen. Ich nenne natürliche oder allgemeingültige Moral diejenige, auf die sich die Weisen der Antike, aber auch die Weisen Chinas, Indiens oder Afrikas bezogen. In der Welt der Bibel findet sich diese Moral auf der zweiten Gesetzestafel Mose zusammengefaßt. Die kommunistische Ethik versteht sich bewußt als Frontalangriff auf dieses

Moralverständnis. Sie tritt an, das Eigentum, das Recht und die damit zusammenhängende Freiheit zu verstören. Sie beabsichtigt, die Familie umzugestalten. Sie gestattet sich sämtliche Mittel der Lüge und der Gewalt, um die alte Ordnung zu überwinden und die neue herbeizuführen. Sie verstößt daher offen und prinzipiell gegen das fünfte Gebot (Du sollst Vater und Mutter ehren), gegen das sechste (Du sollst nicht töten), gegen das siebte (Du sollst nicht ehebrechen), gegen das achte (Du sollst nicht stehlen), gegen das neunte (Du sollst nicht falsch Zeugnis ablegen wider Deinen Nächsten), gegen das zehnte (Du sollst nicht begehren Deines Nächsten Haus und Weib). Man braucht nicht an die biblische Offenbarung zu glauben, um den Geist dieser Vorschriften zu akzeptieren, die sich überall auf der Welt wiederfinden. Die Mehrheit der Menschen ist der Ansicht, daß bestimmte Verhaltensweisen wahr und gut sind, weil sie ihrem Wissen vom Aufbau des Universums entsprechen. Der Kommunismus entwirft ein anderes Universum und eine andere Moral. Deshalb lehnt er nicht nur die genannten Vorschriften ab, sondern auch deren Grundlage, die naturgegebene Welt. Eingangs sagten wir, die kommunistische Moral gründe sich auf die Natur und die Geschichte. Das war falsch: Sie gründet sich auf eine nichtexistierende Übernatur und auf eine Geschichte ohne Wahrheit.

Raymond Aron schrieb in seinem Werk *Demokratie und Totalitarismus*: »Historisch ist das sowjetische Regime, wie wir wissen, aus einem von einem humanitären Ideal getragenen revolutionären Willen hervorgegangen. Ziel war die Errichtung des humansten Regimes der Geschichte, in dem alle Menschen zu Menschen würden, in dem es keine Klassen mehr gäbe, in dem die Homogenität der Gesellschaft eine gleichberechtigte Zusammenarbeit der Bürger ermöglichte. Diese auf die Verwirklichung eines Zieles hinarbeitende Bewegung schreckte jedoch vor keinerlei Mittel zurück, weil die absolut gute Gesellschaft der Doktrin zufolge nur durch Gewalt geschaffen werden konnte und das Proletariat in einem unerbittlichen Krieg mit dem Kapitalismus stand. Aus dieser Verbindung eines erhabenen Zieles mit einer erbarmungslosen Technik ergaben sich die verschiedenen Phasen des sowjetischen Regimes.«[2]

Diese Zeilen reflektieren mit aller Deutlichkeit den doppelten Boden und trügerischen Charakter des Kommunismus. Was sich als menschlich und humanitär präsentiert, ist in Wirklichkeit das von der Ideologie verheißene Übermenschliche und Überhumanitäre. Das Menschliche und Humanitäre hingegen hat weder Recht noch Zukunft. Die Klassen werden nicht versöhnt, sie verschwinden. Die Gesellschaft wird nicht homogen, sondern in ihrer Selbständigkeit und Eigendynamik zerstört. Nicht das Proletariat erklärt dem Kapitalismus den Krieg, die ideologische Sekte spricht und handelt in seinem Namen. Und da der Kapitalismus nur vor dem Hintergrund eines Sozialismus existiert, den es außer in der Ideologie nirgends gibt, liefert der Kapitalismusbegriff keine zutreffende Beschreibung der realen Verhältnisse, die der Kommunismus zerschlagen will. Das Ziel ist nicht erhaben, es kleidet sich nur in die Farben des Erhabenen. Das Mittel, Töten, wird zum einzig möglichen Zweck.

Am Ende seines ausführlichen und bewundernswürdigen Vergleichs zwischen Nationalsozialismus und Kommunismus schreibt Raymond Aron: »Ich bleibe, mich von den historischen Fakten der Ideologie zuwendend, dabei, daß zwischen diesen beiden Phänomenen ein Unterschied wesentlicher Art besteht, welche Ähnlichkeiten es auch immer geben mag. Wesentlich aufgrund der Ideen, von denen das eine und das andere Unterfangen getragen ist, führt das eine doch zum Arbeitslager, das andere zur Gaskammer. Im einen Fall kommt der Antrieb aus dem Willen zur Schaffung eines neuen Regimes und, vielleicht, eines neuen Menschen, wobei jedes Mittel recht ist; im anderen

2 Raymond Aron, *Demokratie und Totalitarismus*, Hamburg 1965, S. 211.

Fall realisiert sich der wahrhaft satanische Wille zur Ausrottung einer Pseudorasse.«[3]

Auch ich sehe einen Unterschied zwischen den beiden Regimen; aus welchen Gründen, werde ich später darlegen. Raymond Arons Argumente überzeugen mich jedenfalls nicht. Denn auch der Nationalsozialismus entwarf ein neues Regime und einen neuen Menschen, den er mit allen verfügbaren Mitteln zu verwirklichen suchte. Es läßt sich nicht entscheiden, was dämonischer ist: die Vernichtung einer Pseudo-Rasse mit anschließender Ausmerzung der anderen Pseudo-Rassen, die »überlegene« eingeschlossen, oder die Vernichtung einer Pseudo-Klasse mit anschließender Ausmerzung der anderen, vom Geist des Kapitalismus infizierten Pseudo-Klassen.

Abschließend bemerkt Raymond Aron: »Sollte ich die Bedeutung eines jeden dieser beiden Unterfangen in wenigen Worten charakterisieren, ich glaube, ich würde es folgendermaßen tun: in Bezug auf das sowjetische Regime würde ich auf den bekannten Satz verweisen: ›Wer den Engel spielen will, wird zum Tier‹; in bezug auf das Unterfangen Hitlers würde ich sagen: ›Der Mensch sollte sich nicht das Ziel setzen, einem Raubtier zu gleichen, es gelingt ihm nur zu gut‹.«[4]

Ist es besser, ein Tier zu sein, das einen Engel spielt, oder ein Mensch, der ein Tier spielt? Die Frage ist unentscheidbar, weil das Tier in beiden Fällen ein »Raubtier« ist. Im ersten Fall erreicht die Lüge einen höheren Grad, das Projekt wirkt verführerischer. Die Verfälschung des moralisch Guten geht tiefer, weil das Verbrechen dem Guten hier stärker ähnelt als das nackte Verbrechen der Nationalsozialisten. Aus diesem Grund kann sich der Kommunismus stärker ausbreiten und Gemüter in seinen Bann schlagen, die vor einer SS-Karriere zurückgeschreckt wären. Gute Menschen in schlechte Menschen zu verwandeln ist vielleicht noch

3 Ebd., S. 216.

4 Ebd.

dämonischer, als schlechte Menschen zu noch schlechteren zu machen. Damit aber reduziert sich Arons Argument auf die unterschiedliche Absicht. Die Absicht der Nationalsozialisten widerspricht der allgemeinverbindlichen Idee des moralisch Guten. Die kommunistische Absicht pervertiert diese Idee, denn sie erweckt den Eindruck des moralisch Guten und verführt nicht wenige unaufmerksame Seelen, sich dem Projekt anzuschließen. Da das Ziel jedoch unerreichbar ist, kann sich das Moralurteil nur auf die Mittel beziehen, die aufgrund ihrer Zweckuntauglichkeit zum eigentlichen Zweck avancieren. Die hinzutretende Lüge steigert die verführerische Kraft und die Gefährlichkeit des Verbrechens.

Verführerischer ist das kommunistische Projekt, weil es sich eines sehr alten Ideals bemächtigt. Nicht jedermann vermag im Moment seines Beitritts zur Kommunistischen Partei zu erkennen, wie sehr der Kommunismus dieses Ideal verdorben hat. Manch einer bleibt lange Zeit, ja sein ganzes Leben lang Kommunist, ohne den Schwindel zu bemerken. Die irrtümliche Verwechslung zwischen der alten (allgemeingültigen) Moral und der neuen Moral wird wohl nie ganz verschwinden. Aus diesem Grund bleibt den kommunistischen Parteien stets eine gewisse Zahl »anständiger Menschen« erhalten, die moralisch noch nicht verkommen sind – ein Umstand, der die kollektive Amnestie begünstigt. Dem ehemaligen Kommunisten wird leichter verziehen als dem ehemaligen Nationalsozialisten, der im Verdacht steht, seit seinem Beitritt bewußt mit der allgemeingültigen Moral gebrochen zu haben.

Gefährlicher ist das kommunistische Projekt, weil die Erziehung zum Kommunisten Schleichwege geht, Schritt für Schritt geschieht und die bösen Taten, zu denen sie verleitet, als gute Taten verkleidet. Gefährlicher auch deswegen, weil das Verhalten des Kommunismus für die künftigen Opfer unvorhersehbar ist. Potentiell kann jeder jeden Augenblick zum Feind erklärt werden. Der Nationalsozialismus hat sich dagegen von vornherein auf bestimmte Feinde festgelegt. Er schob ihnen ein phantastisches Wesen unter, das mit ihrer wirklichen Natur nichts zu tun hatte. Gleichwohl verwies der »Untermensch« auf wirkliche Juden, der »verachtenswerte Slawe« auf leibhaftige Polen und Ukrainer. Wer weder Jude noch Slawe war, hatte eine Galgenfrist. Der Universalismus, vor der Machtergreifung die große Überlegenheit des Kommunismus gegenüber dem Ausschließlichkeitsanspruch der Nationalsozialisten, gibt sich nach der Machtergreifung als universelle Bedrohung zu erkennen. Wie die Kommunisten den Begriff verwenden, führt der Kapitalismus nur ein ideologisches Dasein; gegen den Fluch, der ihn trifft, ist daher keine Menschengruppe gefeit. Ob »mittlerer« Bauer, »Armer«, Intellektueller, »Proletarier« oder Parteimitglied, jeder kann vom Geist des Kapitalismus infiziert sein. Niemand ist gegen Verdächtigungen geschützt.

Durchaus realistisch versprachen die nationalsozialistischen Führer Blut und Tränen und sahen einen Kampf auf Leben und Tod voraus, um unter den Menschen wieder die rechte Rassenordnung herzustellen. Lenin hingegen hielt die Zeit für reif und dachte, die Eschatologie werde nach dem Sturz des »Kapitalismus« sogleich zur Wirklichkeit treiben. Die Revolution werde die gesamte Welt entflammen, und wären die Expropriateure erst einmal expropriiert, würden die Leitungsorgane des Sozialismus ganz von selbst entstehen. Nichts dergleichen geschah am Tag nach dem 7. November 1917; der Vorhang hob sich, und die Bühne war leer. Wo waren das Proletariat, die Klein- und Mittelbauern, der proletarische Internationalismus? Lenin stand mit seiner Partei und einigen roten Garden allein inmitten einer feindseligen oder gleichgültigen Welt.

Doch der Marxismus-Leninismus ist eine Wissenschaft. Also muß die Erfahrung auch den Beweis für die Theorie liefern. Der

Kapitalismus war gestürzt, folglich mußte der Sozialismus kommen. Da er aber offenkundig nicht kam, blieb nichts anderes übrig, als ihn nach den Vorgaben der Theorie aufzubauen und dafür zu sorgen, daß das Ergebnis in jedem Augenblick mit den theoretischen Vorhersagen übereinstimmte. So entstand Schicht für Schicht ein Universum aus Fälschungen, das an die Stelle der Welt, wie sie in Wahrheit war, treten sollte. Je mehr sich die Tatsachen von den sie beschreibenden Worten entfernten, desto drückender wurde die Atmosphäre der allgemeinen Lüge. Frenetisch schob sich das Gute in den Vordergrund, um die Wirklichkeit des Bösen zu verleugnen.

Auf diese Weise vor allem verrichtete der Kommunismus sein moralzerstörendes Werk. Dabei griff die Zerstörung wie im Nationalsozialismus, ausgehend von ihrem Kernbereich, in konzentrischen Kreisen um sich.

Im Zentrum befanden sich die Partei und der leitende Zirkel innerhalb der Partei. Zu Beginn ihrer Machtausübung stand sie noch völlig unter dem Einfluß der Ideologie. Es war die Zeit, da die Partei alle Kräfte auf die Beseitigung des »Klassenfeinds« konzentrierte. Das Gewissen völlig vergiftet, vernichtete sie im Namen der Utopie ganze Bevölkerungsgruppen. Im Rückblick zeigt sich, daß dieses anfängliche Blutvergießen im Fall von Rußland, Korea, China, Rumänien, Polen und Kambodscha zu den bedeutendsten in der Geschichte dieser Regime zählt. In manchen Fällen fielen dem Massaker bis zu 10 Prozent der Bevölkerung und mehr zum Opfer.

Sobald deutlich wurde, daß der utopische Traum noch immer nicht zur Wirklichkeit strebte und das Sühneopfer der Bevölkerungsdezimierung nichts genützt hatte, setzte der schleichende Übergang von der Utopie zum bloßen Machterhalt ein. Der objektive Feind war vernichtet, nun galt es darüber zu wachen, daß er nicht von neuem entstand oder sich gar in den Reihen der Partei selbst erhob. Es war die Zeit einer zweiten Terrorwelle, die um so widersinniger erscheint, als sie nicht auf gesellschaftlichen und politischen Widerstand antwortet, sondern vielmehr die totale Kontrolle über alle Menschen und ihre Gedanken bezweckt. Angst wurde nun zum allgemeinen Schicksal, selbst in der Partei breitete sie sich aus, jedes Mitglied fühlte sich bedroht. Jeder denunzierte jeden, Verrat wurde zur Normalität.

Im dritten Stadium traf die Partei Vorkehrungen gegen die permanente Säuberung. Sie begnügte sich mit der routinemäßigen Verwaltung des Machtapparats und konzentrierte sich auf ihre eigene Sicherheit. Sie glaubte zwar nicht mehr an die Ideologie, sprach aber weiterhin deren Sprache und wachte darüber, daß sie – deren Verlogenheit ihr völlig bewußt war – die einzige gesprochene Sprache blieb, denn sie war das Zeichen ihrer Herrschaft. Nun häufte die Partei Privilegien auf Vorteile. Sie wandelte sich zur Kaste und wurde von allgemeiner Korruption erfaßt. Im Volk verglich man ihre Mitglieder nicht mehr mit Wölfen, sondern mit Schweinen.

Die Peripherie bestand aus der übrigen Bevölkerung. Sie als Ganzes war unmittelbar aufgerufen und mobilgemacht, den Sozialismus aufzubauen. Sie als Ganzes erfuhr die Bedrohung, war der Lüge ausgesetzt und gehalten, am Verbrechen mitzuwirken.

Zu diesem Zweck wurde die Bevölkerung zunächst einmal eingesperrt. Alle kommunistischen Regierungen schlossen unmittelbar nach ihrem Machtantritt die Staatsgrenze. Die Nationalsozialisten gestatteten bei Zahlung von Lösegeld bis 1939 die Ausreise, da die »Reinheit« Deutschlands dadurch gewann. Die Kommunisten gestatteten dies in keinem Fall. Sie brauchten geschlossene Grenzen, nicht nur um ihre Tötungsaktionen und ihr Scheitern geheimzuhalten, sondern vor allem auch deswegen, weil das Land als riesige Schule galt, den Geist des Kapitalismus in der gesamten Bevölkerung auszurotten, und an dessen Stelle den sozialistischen Geist einflößen sollte.

Der zweite Schritt bestand in der Kontrolle der Informationsmittel. Die Bevölkerung durfte nicht wissen, was außerhalb des sozialistischen Lagers geschah. Aber sie durfte auch nicht wissen, was sich im Innern zutrug. Sie durfte ihre Vergangenheit nicht kennen, sie durfte ihre Gegenwart nicht kennen, nur eine strahlende Zukunft sollte ihr vor Augen stehen.

Im dritten Schritt wurde die Realität durch eine Pseudo-Realität ersetzt. Eine ganze Institution war damit betraut, falsche Journalisten und falsche Historiker hervorzubringen, eine falsche Literatur und eine falsche Kunst, welche eine fiktive Realität angeblich photographisch widerspiegelten. Eine falsche Wirtschaft produzierte imaginäre Statistiken. Bisweilen erforderte die falsche Kulisse Maßnahmen im Stil der Nationalsozialisten. In der UdSSR wurden die Kriegs- und Arbeitsversehrten aus der Öffentlichkeit entfernt und in entlegenen Anstalten untergebracht, wo sie das Gemälde nicht mehr verunstalten konnten. In Korea, so wird berichtet, sind es die Zwergwüchsigen, die als »Rasse« verschwinden sollen, die deportiert und an der Fortpflanzung gehindert werden. Der Aufbau dieser riesigen Kulisse beschäftigte Millionen von Menschen. Wozu sie diente? Zum Beweis, daß der Sozialismus nicht nur möglich, sondern tatsächlich im Aufbau begriffen ist, daß er sich zusehends festigt, ja bereits Wirklichkeit ist, daß eine neue, freie, sich selbst regulierende Gesellschaft existiert, in der die »neuen Menschen« spontan so denken und handeln, wie der Kanon der fiktionalen Realität es vorschreibt. Das mächtigste Instrument der Machthaber war dabei die Konfektionierung einer neuen Sprache, deren Wörter einen vom üblichen Sprachgebrauch abweichenden Sinn transportierten. Ihre Diktion und ihr spezieller Wortschatz verliehen ihr den Charakter einer liturgischen Sprache, die die Transzendenz des Sozialismus anzeigt und die Allmacht der Partei signalisiert. Ihre Verwendung im Volk ist das unmittelbar sichtbare Zeichen seiner Knechtschaft.

Anfangs nahm ein Großteil der Bevölkerung die Lügenpädagogik in gutem Glauben hin. Die Menschen betraten die Welt der neuen Moral mit ihrem alten Moralerbe. Sie liebten ihre Führer, die ihr Glück verhießen, wähnten sich glücklich und glaubten in Gerechtigkeit zu leben. Sie verabscheuten die Feinde des Sozialismus, denunzierten sie und hielten es für richtig, daß man sie enteignet, sie tötet. Sie beteiligten sich an dieser Vernichtung und leisteten aktive Mithilfe. Sie wirkten am Verbrechen mit, ohne es zu bemerken. Gleichzeitig stumpften sie infolge von Unwissenheit, Desinformation und falschen Überlegungen ab. Sie verloren geistig und moralisch die Orientierung. Sie nahmen den Unterschied zwischen kommunistischer und allgemeingültiger Moral nicht wahr und suchten, wenn sie sich in ihrem Gerechtigkeitsempfinden verletzt fühlten, die Ursache stets beim äußeren Feind. Noch kurz vor dem Fall des Kommunismus bezeichneten Menschen, die von Polizisten oder Parteifunktionären mißhandelt worden waren, ihre Peiniger häufig als »Faschisten«. Sie kamen nicht auf die Idee, sie bei ihrem richtigen Namen zu nennen: Kommunisten.

Zudem wurde das Leben vor der sozialistischen Kulisse nicht etwa »fröhlicher und glücklicher«, wie Stalin zur Zeit der »großen Säuberung« verkündete, sondern finsterer und trostloser. Die Angst war allgegenwärtig, und man mußte irgendwie überleben. Nun kam die bisher unbewußte moralische Verkommenheit zu Bewußtsein. Das sozialistische Volk, das zunächst in dem Glauben, Gutes zu tun, Böses vollbrachte, wußte nun, daß es Böses tat. Es denunzierte, stahl, duckte sich, wurde bösartig und feige, und es schämte sich dafür. Das kommunistische Regime versteckte seine Verbrechen nicht wie der Nationalsozialismus, es lud die Bevölkerung zum Mitmachen ein. Auf jede Verurteilung folgte eine Versammlung zur Akklamation. Der Angeklagte wurde vorgeführt: Seine Genossen, seine Frau, seine Kinder verfluchten ihn öffentlich. Sie beugten sich der Zeremonie aus

Angst, aus Eigeninteresse. Der begeisterte Stachanowist der Anfangszeit – sollte er je anders existiert haben denn als Teil der Kulisse – gab sich als fauler, unterwürfiger, dummer *homo sovieticus* zu erkennen. Frauen verabscheuten ihre Männer, Kinder ihre Eltern, und sie fühlten, daß auch sie einmal so sein würden.

Das letzte Stadium beschreiben Schriftsteller aus der Endzeit des Sowjetismus: Jerofejew, Sinowjew. Am weitesten verbreitet waren Verzweiflung und Selbstekel. Was blieb, waren die spezifischen Vergnügungen, die das Regime bot: das Gefühl der Verantwortungslosigkeit, Faulheit, passives Dahinvegetieren. Man machte sich nicht mehr die Mühe, zweigleisig zu denken, sondern versuchte, überhaupt nicht mehr zu denken. Man zog sich zurück. Selbstmitleid ist eine Weise, andere Menschen als Zeugen des eigenen Verfalls zu rekrutieren, wie Betrunkene es tun. Man bewegte sich noch immer in Sinowjews »Ratorium«, im Hobbesschen Kampf aller gegen alle, doch mit sehr wenig Energie. Sinowjew meinte, der *homo sovieticus* sei das Produkt einer irreversiblen Mutation der Gattung. Wahrscheinlich irrt er.

Es gab keinen geschützten Ort, an dem man sich der Lügenpädagogik entziehen konnte. Die sozialen Bezugsrahmen der alten Gesellschaft wurden mit dem Eigentum zerstört und durch neue Sozialisationsfelder ersetzt, die mit Schulen des Kommunismus und Orten der Überwachung identisch waren: die sowjetische Kolchose und die chinesische Volkskommune für den Bauern, die »Gewerkschaft« für den Arbeiter, die »Verbände« für den Schriftsteller und den Künstler. Die Geschichte der kommunistischen Regime läßt sich als permanentes Streben nach allumfassender Kontrolle beschreiben, auf der Seite der Untertanen als verzweifelte Suche nach Zufluchtsorten oder zumindest einem Schlupfwinkel. Letztere gab es immer. So vermochten es in Rußland einige Familien der alten Intelligenzija, ihre Traditionen zu bewahren. Ein Andrej Sacharow ging aus ihnen hervor. An den Universitäten gab es Lehrstühle für

Assyriologie oder altgriechische Philologie, die einigermaßen in Ruhe gelassen wurden. In den unterjochten Kirchen konnte man frei atmen. Gegen Ende des Sowjetregimes fanden sich in Moskau kleine Gruppen geistig und moralisch aufgeweckter junger Leute, die sich aus freiem Entschluß ohne feste Arbeit durchs Leben schlugen, keinerlei Posten anstrebten, den Kontakt zur sowjetischen Außenwelt auf das Nötigste reduzierten und auf diese Weise bis zum Ende durchhielten.

Im Sowjetreich machten die kommunistischen Umerziehungsbestrebungen am Lagertor halt. Bei den Nationalsozialisten war für Bekehrungsaktionen sowieso kein Platz, aber auch die Bolschewiki verzichteten praktisch auf jeden Versuch, ihre Häftlinge zu bekehren. Dies veranlaßte Solschenizyn zu der Behauptung, das Lager sei trotz der grauenvollen Lebensumstände ein Ort, an dem man geistig und geistlich frei atmen konnte. Der asiatische Kommunismus hat seine Lager hingegen zu regelrechten Umerziehungsanstalten ausgebaut, in denen die Häftlinge geradezu zwanghaft mit pädagogischen Maßnahmen gequält werden. Dabei führen die Lagerbehörden über die Fortschritte eines jeden Häftlings sorgfältig Buch. Letztere verlassen das Lager entweder tot oder als Umerzogene.

BEWERTUNG

Die folgende vergleichende Bewertung der moralischen Zerstörung, die der Nationalsozialismus und der Kommunismus in diesem Jahrhundert angerichtet haben, bewegt sich in den Grenzen der historischen Betrachtungsweise.

Unter moralischer Zerstörung verstehe ich nicht den Verfall der Sitten, wie ihn alte Leute mit Blick auf die nachfolgende Generation seit jeher beklagen. Ebenso fern liegt mir ein Urteil über dieses Jahrhundert im Vergleich zu den vorhergehenden.

Es gibt keinen philosophischen Grund zu der Annahme, daß der Mensch früher tugendhafter oder weniger tugendhaft gewesen sein sollte. Indes haben sowohl der Kommunismus als auch der Nationalsozialismus den Versuch unternommen, die den Sitten vorgeordnete Moralregel, den Gewissensmaßstab von Gut und Böse zu ändern. Aus diesem Grund wurden Dinge begangen, die im Erfahrungsschatz der Menschheit bisher nicht vorkamen.

Obgleich der Nationalsozialismus die Intensität des Verbrechens bis zu einem Grad steigerte, den der Kommunismus vielleicht nicht erreichte, zog letzterer eine weit umfassendere und tiefergehende moralische Zerstörung nach sich. Und dies aus zwei Gründen.

Zum einen war die gesamte Bevölkerung der Umerziehung unterworfen und mußte die neue Moralregel verinnerlichen. Wie Zeitzeugen berichten, war dieser Verinnerlichungszwang der unerträglichste Teil der kommunistischen Unterdrückung. Alles übrige – das Fehlen politischer und bürgerlicher Freiheitsrechte, die polizeiliche Überwachung, die physische Repression, ja sogar die Angst – sei nichts gewesen gegenüber dieser geistig verstümmelnden Pädagogik, die einen verrückt machte, weil sie sämtlichen Sinneswahrnehmungen und Verstandeswahrheiten widersprach. Das gesamte Arsenal der »Maßnahmen« und »Organe« habe nur diesem einen Zweck gedient. Und da der Kommunismus im Gegensatz zum Nationalsozialismus die Zeit auf seiner Seite hatte, verrichtete die Pädagogik ganze Arbeit. Nach ihrem Sturz beziehungsweise Rückzug blieben beschädigte Menschen mit vergifteten Seelen zurück, deren Reinigung weit schwieriger sein wird als damals in Deutschland, als die Menschen nach vorübergehender Umnachtung aus ihrem Alptraum erwachten, bereit zur Arbeit, zur Gewissenserforschung, zu reinigender Reue.

Zum anderen erweist sich die Verwechslung von allgemeingültiger und kommunistischer Moral als überaus resistent, da sich letztere hinter jener versteckt, auf ihr schmarotzt, sie verdirbt und als Träger mißbraucht. Nehmen wir ein neueres Beispiel für diesen Sachverhalt. Nach Erscheinen des *Schwarzbuchs* erklärte ein Leitartikler des französischen KP-Organs *L'Humanité,* die 85 Millionen Toten würden das kommunistische Ideal nicht im geringsten trüben. Es handle sich lediglich um eine äußerst beklagenswerte Abweichung. Nach Auschwitz, fuhr er fort, könne niemand mehr Nationalsozialist sein, doch nach den kommunistischen Lagern könne man durchaus Kommunist bleiben. Der Mann war sich bei aller Aufrichtigkeit nicht im geringsten bewußt, daß er über sich selbst gerade das folgenschwerste Urteil ausgesprochen hatte. Er merkte nicht, daß die kommunistische Idee das Realitäts- und Moralprinzip so sehr verdorben hatte, daß sie sogar 85 Millionen Tote überleben konnte, während die nationalsozialistische Idee unter ihren Leichenbergen zugrunde gegangen war. Er glaubte als ehrlicher, anständiger Mensch zu sprechen, als kompromißloser Idealist, und verkündete dabei die ungeheuerlichste Ungereimtheit. Der Kommunismus ist verderbter als der Nationalsozialismus, weil er den Menschen nicht abverlangt, bewußt den moralischen Schritt zum Verbrecher zu tun, sondern sich des auf der ganzen Erde verbreiteten Geists der Gerechtigkeit und der Güte bedient, um auf der ganzen Erde das Böse zu verbreiten. Jedes neue kommunistische Experiment beginnt in aller Unschuld.

KAPITEL 3
DIE ZERSTÖRUNG DES POLITISCHEN

Bisher habe ich die Vernichtung der Menschen in ihrer physischen Natur und in ihrer moralischen Natur als vernunftbegabte und der Unterscheidung zwischen Gut und Böse fähige Wesen betrachtet. Im folgenden werde ich die Vernichtung der Menschen unter dem Blickwinkel ihrer politischen Natur untersuchen, das heißt im Hinblick auf ihre Fähigkeit, untereinander Familien- und Gesellschaftsbande zu knüpfen, organisierte Verhältnisse zwischen Regierenden und Regierten einzugehen, ein Gemeinwesen zu bilden, einen Staat zu gründen.

DIE POLITIK DER ZERSTÖRUNG DES POLITISCHEN

Vor der Machtergreifung nutzten die kommunistische und die nationalsozialistische Partei alle Mittel der Politik, um an die Macht zu gelangen. Sie beteiligen sich am politischen Spiel, während sie sich selbst, gemäß ihren eigenen Kriterien und ihrer innerparteilichen Disziplin, außerhalb dieses Spiels verorteten. Wenn die bolschewistische Partei zum Beispiel Land für die Bauern und sofortigen Frieden forderte, tat sie dies nicht in der Perspektive, sich mit der Erfüllung dieser beiden Forderungen zufriedenzugeben. Ziel war vielmehr, die Bauern und Soldaten für sich zu gewinnen, um den revolutionären Prozeß in Gang zu setzen. Nach vollendeter Revolution wurde den Bauern das Land wieder weggenommen und aktiv Krieg geführt, ohne daß die Partei darin den geringsten Widerspruch erblickt hätte. Bei keiner Handlung ging der Zweck im unmittelbaren Handlungsziel auf. Jede Handlung war Teil einer unabschließbaren Bewegung und fungierte nur als Opfer für eine jenseits des erklärten Ziels liegende andere Handlung.

Sobald die Partei an der Macht war, zielte ihre Politik nurmehr auf die Zerstörung des Politischen. Die organischen Gestaltungen des gesellschaftlichen Lebens – die Familie (die sich dem zerstörerischen Ansinnen der Machthaber bei allen Zersetzungs- und Verfallserscheinungen überall widersetzte), die Klassen, Interessengruppen und Körperschaften – wurden abgeschafft. Die Partei kassierte das Recht zur Gründung selbständiger Organisationen, Vereinigungen und Vertretungsorgane und preßte die auf Gesellschaftsatome reduzierten Menschen in neue gesellschaftliche Institutionen, die die Organisationsformen des verwirklichten Sozialismus vorwegnehmen sollten und auf die Namen Sowjet, Union und Kommune hörten. Da der Sozialismus erst virtuell existierte, präsentierte sich dieser Ordnungsrahmen faktisch als Zwangsrahmen. Politische Opportunität entschied, ob die neuen Organisationsformen durch ihre Namensgebung den virtuellen Sozialismus ausdrückten oder ob sie besser alte Namen behielten, um vorzuspiegeln, daß die alte Welt in einem gewissen Maße fortexistierte. In letzterem Fall bezeichnete man sie als Gewerkschaften, Akademie, Parlament und Genossenschaft, da sich die Namensgleichheit »politisch ausschlachten« ließ. Wie viele Parlaments- und Stadtratsdelegationen aus dem Westen ließen sich auf diese Weise hinters Licht führen, weil sie glaubten, ihre Gastgeber seien Parlamentarier und Ratsherren wie sie selbst, und nicht Parteifunktionäre, die sich diese Amtsbezeichnungen nur anmaßten!

Die NSDAP hat die kommunistische Zerstörung des Politischen im großen und ganzen nachgeahmt. Auch sie gelangte an die Macht, indem sie ihre eigentlichen Ziele verbarg und ihre einstweiligen Verbündeten (unter den konservativen Rechtsparteien) täuschte, um sie anschließend abzuservieren. Auch sie schuf neue Organisationen, in die sie die Jugend und die »Massen« eingliederte. Dabei war es für ihre Zwecke nicht nötig, die alten Organisationen sogleich zu zerschlagen; sie begnügte sich damit, sie zu neutralisieren und den eigenen Zielen dienstbar zu machen. Im Dritten Reich gab es also nach wie vor Unternehmer, einen Markt sowie Richter und Beamte alten Schlags; sie wurden nicht ausgewechselt und hielten sich weiterhin an die alten Regeln. Dann kam der Krieg, und mit ihm weiteten die Nationalsozialisten ihren Machteinfluß in ungeheurem Maße aus. Wir wissen nicht, was geschehen wäre, wenn sie den Krieg gewonnen hätten.

DAS RELIKT DES POLITISCHEN

Das *Führerprinzip* war ein wesentliches Moment der Rückkehr zur Natur im nationalsozialistischen Verständnis. Das soziale Netz sollte sich um die Hierarchie loyaler Führer weben, die dem Reich treu ergeben und durch Eid gebunden waren. An der Spitze der Pyramide stand der oberste Führer, dessen Verherrlichung den Geist des Systems ausdrückte.

Die kommunistische Partei war zwar ebenfalls hierarchisch aufgebaut, fußte im Prinzip aber auf dem Grundsatz der Demokratie und der Wählbarkeit der Ämter. In der Tat bestand die Originalität von Lenins Partei von Anfang an darin, daß das Zentrum diejenigen Mitglieder der »Basis« bestimmte, die von dieser zu wählen waren, so daß die demokratische Wahl schlicht als Test auf die Allmacht des Zentrums fungierte. Der Grund dafür liegt auf der Hand. Das gnostische Bewußtsein und die wissenschaftliche Erkenntnis, auf der die Partei beruhte, konzentrierte sich theoretisch in der Führungsorganisation und strömte von dort zur »Basis« hinab, die die Macht ins »Zentrum«

zurückdelegierte und auf diese Weise ihre Fortschritte bei der Aneignung der Lehre und der »Linie« unter Beweis stellte. So entstand bereits zu Lenins Zeiten ein Führerkult, der unter Stalin seinen Höhepunkt erreichte. Er löste sich nach Stalin zwar nicht auf, zeigte jedoch zur Zeit von Breschnjew, wie hohl er war. Der Führerkult widersprach der kommunistischen Lehre, und die trotzkistischen Puristen wiesen ihn stets empört zurück. Doch in einem System, das auf einer unwirklichen Übernatur gründet, äußert sich im Führerkult nur die Wiederkehr der wirklichen Natur. Es entspricht dem Menschen eben mehr, seinesgleichen zu verehren, als ein abstraktes Korpus offenkundig falscher Lehren.

Nur insofern als die kommunistische und die nationalsozialistische Macht sich in wirklichen Personen verkörperten, existierte innerhalb der Partei, der einzigen verbleibenden Organisation, ein Restbestand an Politischem. Politik reduzierte sich dort auf das, was sich Montesquieu als Wirklichkeit des osmanischen oder persischen Serails ausmalte: eine Mischung aus Haß und Intrige zwischen Einzelpersonen und Klans, deren Zusammenhalt stets prekär war, weil jeder die Macht für sich allein beanspruchte. Manche rechtfertigten ihr Machtstreben mit der Notwendigkeit eines Linienwechsels, doch die allgemeine politische Stoßrichtung zog keiner in Zweifel. Trotzki, Bucharin, Sinowjew und Stalin verfolgten allesamt dasselbe Ziel: den Sozialismus; aber einer von ihnen mußte eben die Nummer Eins sein. Die Folgen waren gruppeninterner Verrat und Mord ohne Ende.

DIE UTOPIE

Die rastlose, listenreiche, bisweilen frenetische Aktivität des Führungszentrums kann nicht als Politik gelten, weil sie im Dienst einer Utopie steht.

Beide Regime beziehen sich auf eine mythische Vergangenheit als Vorbild einer imaginären Zukunft. Einst war die Zeit der Arier, der von Natur aus Besten; morgen werden die Germanen erneut herrschen, und über sie die Reinsten ihrer Art. Der Kommunismus will die Vergangenheit – die Urgemeinschaft – weniger wiederherstellen als vielmehr auf einer »höheren Ebene« reproduzieren. Er räumt dem alten Fortschrittsgedanken, den er von der Aufklärung geerbt hat, in romantisch dramatisierter Form daher einen größeren Stellenwert ein. Marx ging nach einem Wort von Raymond Aron von Rousseau aus und kehrte über Saint-Simon, das heißt über die Idee des technischen und industriellen Fortschritts, wieder zu Rousseau zurück. Die Nationalsozialisten propagierten eine voluntaristische Lehre: Einzig das demiurgische Werk des Willens kann den guten Dschungel in seinem biologischen Gleichgewicht wiederherstellen. Der Leninismus verläßt sich auf die Selbstbewegung der Geschichte, die das moderne Arkadien (mit Elektrizität und Güterüberfluß) aus sich heraus gebären wird, als *Aufhebung** Ur-Arkadiens. Diese Selbstbewegung bringt auf natürliche Weise auch die Partei hervor, die die Geburt des Neuen als Hebamme unterstützen wird. Voluntarismus ist also auch hier unentbehrlich, doch er wird bei aller Verherrlichung auch negiert, denn die Partei verkörpert nur das Bewußtsein der Notwendigkeit, die – und hier beruft sich Lenin tatsächlich auf Spinoza – eins sei mit der Freiheit.

Die Gegenwart, wie sie zwischen dieser sagenhaften Vergangenheit und dieser idealen Zukunft liegt, besitzt keinerlei eigenen Wert. Die Politik als Kunst der Gegenwartsgestaltung, die das wertvolle, lebendige Erbe der Vergangenheit pflegt und sich ohne langfristige Prätentionen an kurzfristigen Vorhersagen orientiert – diese Kunst macht in den Augen einer nationalsozialistischen oder kommunistischen Führung keinen Sinn. Die nahe Vergangenheit

* Deutsch im Original. (*AdÜ*)

gilt als Feind, die Gegenwart zählt nicht, alles wird der eschatologischen Zukunft, den letzten Dingen untergeordnet.

DIE GRENZENLOSEN ZIELE DES NATIONALSOZIALISMUS

Es fragt sich, ob der Nationalsozialismus sein Expansions- und Handlungsfeld hätte begrenzen können oder ob er von Natur aus ins Grenzenlose strebte. Chamberlains Appeasement-Politik und in gewissem Maße auch Stalins Teilungspolitik im Jahr 1940 beruhten auf der Annahme, daß sich Hitler mit dem bereits Erreichten zufriedengeben konnte. Hatte er den Versailler Vertrag nicht ausradiert und genügend »Ostgebiete« erworben, um einige Jahre beschäftigt zu sein? Doch nachdem er Deutschland neu organisiert und die Behinderten, die Juden, die Minderwertigen eliminiert hatte, mußte er seinen Weg fortsetzen. Um Polen zu erobern, nahm er das Risiko eines Kriegs im Westen, später gar einen Weltkrieg in Kauf. Wahrscheinlich sah er nicht, wohin ihn sein Plan führen würde. Aber er hat die Konsequenzen akzeptiert und das Spiel, wie von einem höheren Schicksal gelenkt, mit erhöhtem Einsatz stets von neuem begonnen. Der einzige Partner, mit dem er sich dauerhaft über eine Aufteilung der Welt hätte verständigen können, war Stalin. Er sah in Hitler eine seiner eigenen ähnliche Rationalität am Werk, war sich der inneren Verwandtschaft der beiden Regime bewußt und hatte daher allen Grund, dem Bündnis mit Hitler zu trauen. Doch Hitler verriet ihn, und Stalin hat nie verstanden, warum. Wenig später erklärte Hitler in einem Anfall von unbegreiflichem Leichtsinn den Vereinigten Staaten den Krieg. Von nun an spielte er eine Partie, die ihm nur den Sieg und die Weltherrschaft oder die Niederlage und den völligen Ruin Deutschlands bringen konnte.

Im Laufe dieses Kriegs kam dem Nationalsozialismus langsam seine Bestimmung zu Bewußtsein, die gesamte Menschheit

Stück für Stück auszurotten. Je mehr die Welt ihm Widerstand leistete, desto mehr gewann für ihn der polare Gegensatz zwischen Ariern und Juden den Charakter einer offenkundigen Wahrheit. Der Jude erschien als Symbol des Widerstands gegen die Vollendung des großen Plans. So verschmolz er mit dem Bolschewismus zum jüdisch-bolschewistischen, mit dem Kapitalismus zum jüdisch-kapitalistischen System. Der Jude hatte die ganze Welt verdorben, hatte alles beschmutzt, alles »verjudet«. Deshalb mußte die Menschheit insgesamt gereinigt, also ausgerottet werden. Zuletzt bemühte sich Hitler nur noch, die unausweichliche Niederlage so zu gestalten, daß sie, wie Sebastian Haffner gezeigt hat, zur Zerstörung Deutschlands führte.[1] Haffner zufolge sollte die Ardennen-Offensive allein den Vormarsch der Amerikaner aufhalten, um das Land den Sowjets auszuliefern. »Machen wir uns den Sachverhalt ganz klar: Es ging Hitler bei den Vernichtungsbefehlen vom 18. und 19. März 1945 nicht mehr um einen heroischen Endkampf, wie noch im Herbst 1944. Zu einem heroischen Endkampf konnte es nicht dienen, die Deutschen zu Hunderttausenden auf einen Todestreck ins Landesinnere zu schicken und dort zugleich alles, was sie für primitivstes Weiterleben brauchten, zerstören zu lassen. Vielmehr konnte der Zweck dieser letzten, nunmehr gegen Deutschland gerichteten Massenmordaktion Hitlers nur der sein, die Deutschen dafür zu bestrafen, daß sie sich für einen heroischen Endkampf nicht mehr willig genug hingegeben, also der ihnen von Hitler bestimmten Rolle zuletzt entzogen hatten. Das war in Hitlers Augen ein todeswürdiges Verbrechen – war es schon immer gewesen. Ein Volk, das die ihm zudiktierte Rolle nicht annahm, mußte sterben.«[2]

Indes, die spezifische Kommandostruktur des Regimes, in der nur die Entscheidung des Führers zählte, verlieh der Entwick-

1 Sebastian Haffner, *Anmerkungen zu Hitler*, München 1978.
2 Ebd., S. 199 f.

lung des Nationalsozialismus den Charakter des Unvorhersehbaren. Theoretisch wäre es vorstellbar gewesen, daß sich Hitler 1939 mit England arrangiert und sich mit Stalins Zugeständnissen zufriedengibt. Doch ein »Aufbau des Nationalsozialismus in einem Land« kam für ihn nicht in Frage. Auch bestand für die NSDAP und die SS eigentlich keine Notwendigkeit, die Leitungsfunktionen der deutschen Wirtschaft selbst zu übernehmen, weil die Wirtschaftsführer stets aufs Wort gehorcht hatten. Und dennoch bemächtigten sich die Partei und die SS der ökonomischen Kommandohebel und produzierten eine Mißwirtschaft sowjetischen Typs, die den Kriegsanstrengungen des Reichs nur schadete.

Es wäre durchaus möglich gewesen, die Welt etappenweise umzugestalten und die entsprechenden Zerstörungen in aller Ruhe anzugehen. Und in der Tat wandten die Nationalsozialisten – wie Rakosi gesagt haben soll – zunächst die »Salamitaktik« an und nahmen sich eine »Rasse« nach der anderen vor. Doch bald schon mündeten die geordneten Mordaktionen in einer allgemeinen Schlächterei. Die Nationalsozialisten konnten der Ukraine nicht, wie Stalin es getan hätte, die Unabhängigkeit versprechen und gegebenenfalls nach dem Sieg mit ihr abrechnen. Sie mußten das Land *stante pede* ausradieren und riefen damit den Widerstand der Ukrainer auf den Plan. Ursache dieses ruinösen »Alles-auf-einmal« war wahrscheinlich der ästhetische Charakter der nationalsozialistischen Lehre. Hitler verstand sich als Künstler in der Tradition der romantischen Ästhetik des Genies. Kant schreibt in seinen Ausführungen zum Genie, »daß es, wie es sein Produkt zu Stande bringe, selbst nicht beschreiben, oder wissenschaftlich anzeigen könne, sondern daß es als *Natur* die Regel gebe; und daher der Urheber eines Produkts, welches er seinem Genie verdankt, selbst nicht weiß, wie sich in ihm die Ideen dazu herbei finden, auch es nicht in seiner Gewalt hat, dergleichen nach Belieben oder planmäßig auszudenken, und anderen in solchen Vorschriften mitzuteilen, die sie in Stand setzen, gleichmäßige

Produkte hervorzubringen«.[3] Insofern wußte Hitler also selbst nicht recht, was er tat, noch woher ihm seine Eingebungen und Entscheidungen kamen. Er sah sich als prometheischer Demiurg, und diese Trunkenheit hatte sich ansatzweise seinem Volk mitgeteilt. Er glaubte sich als genialer Träger des *Volksgeists** und war überzeugt, daß seine anfangs durchdachten, später unsinnigen Anordnungen ihm von einer höheren Instanz eingegeben wurden. Daher diese Ungeduld und Übereilung der Nationalsozialisten, die Stalin nicht begreifen konnte. Daher auch ihre irrationale Kriegsführung. Wäre Hitler den Vorschlägen seiner ausgezeichneten Generäle gefolgt, so hätte der Krieg wenn nicht gewonnen, so doch mit einem Unentschieden beendet werden können, vorausgesetzt, Hitler hätte begrenzte Kriegsziele verfolgt. Da dies jedoch nicht der Fall war, wurde der Krieg wegen Hitler und dessen zerfahrenen Wagnerismus verloren.

DIE GRENZENLOSEN ZIELE DES KOMMUNISMUS

Das kommunistische Projekt ging von Anfang an aufs Ganze. Extensiv zielte es auf die Weltrevolution, inhaltlich auf eine radikale Umwälzung der Gesellschaft, der Kultur und des Menschen selbst. Andererseits besaß der Kommunismus die Fähigkeit, rationale Mittel zur Erreichung seiner vernunftwidrigen Ziele einzusetzen. Während des Krieges war Lenin ein Phantast, der abstrakte Gebilde wie Kapitalismus, Imperialismus, Opportunismus, Linksradikalismus und viele andere »Ismen«, die seiner Meinung nach alles erklärten, auf die Wirklichkeit der Welt projizierte, auf die Verhältnisse in der Schweiz ebenso wie auf Deutschland oder Rußland. Doch nachdem er nach Rußland

---

3 Immanuel Kant, *Kritik der Urteilskraft*, § 46, Frankfurt am Main 1981, S. 242 f.

* Deutsch im Original. (*AdÜ*)

zurückgekehrt war, handelte niemand so rigoros »politisch« – im machiavellistischen Sinn des Wortes – wie er selbst, als er die Regierungsmacht eroberte.

Die Machtübernahme einer kommunistischen Partei wird durch einen rein politischen Kampf innerhalb einer normal konstituierten politischen Gesellschaft vorbereitet. Hier übt sich die Partei in jenen Taktiken, die sie nach ihrem Sieg anwenden wird, zum Beispiel die sogenannte Salamitaktik. Man geht Bündnisse mit nichtkommunistischen Kräften ein und nötigt den Verbündeten, an der Eliminierung des Gegners mitzuwirken. Zunächst wird mit Unterstützung der gesamten Linken die »extreme Rechte« beseitigt, anschließend kommen die gemäßigten Linken an die Reihe, und so geht es weiter bis zur letzten »Scheibe«, die sich bei Strafe des Untergangs unterwerfen und mit der Partei »zusammenschließen« muß. Dieser Professionalismus, der Listenreichtum, geduldiges Abwarten und zweckrationales Handeln einschließt, macht die Überlegenheit des Leninismus aus. Allerdings geht es dabei nur um Zerstörung; Aufbau ist unmöglich, weil das angestrebte Ziel unsinnig ist.

Auch als Lenin eine Art Diktator geworden war, ohne sich dessen bewußt zu sein, fuhr er fort, seine Phantomkategorien auf die ständig wechselnde Lage zu projizieren und seine Entscheidungen dementsprechend zu fällen. Die kommunistische Praxis folgte nicht ästhetischer Eingebung, sondern »wissenschaftlicher« Situationsanalyse. Die falsche Wissenschaft entlehnte von der wahren Wissenschaft das Beweisführungsverfahren und die logische Vorgehensweise. Das kommunistische Unterfangen wurde dadurch nur um so verrückter. Jede Entscheidung war unwiderruflich, jede Kurskorrektor äußerst schwierig, konnte die falsche Wissenschaft wegen ihres nichtempirischen Charakters die Ergebnisse des von ihr angeleiteten Handelns doch nicht zur Kenntnis nehmen.

Schritt für Schritt weitete sich die Zerstörung aus, wurde allumfassend und identisch mit dem Willen zur Schöpfung, um eine Formulierung von Bakunin aufzugreifen. In Rußland durchlief sie folgende Etappen.

Zunächst wurde mit den Regierungs- und Verwaltungsorganen der alten Ordnung der politische Gegner vernichtet. Das geschah unmittelbar nach dem Oktober-Putsch und war im Handumdrehen erledigt.

Anschließend wurden sämtliche Institutionen zerstört, die gesellschaftlichen Widerstand leisteten oder leisten konnten: die Behörden und Körperschaften (Parteien, Armee, Gewerkschaften, Genossenschaften) ebenso wie die kulturellen Institutionen (Universität, Schule, Akademie, Kirche, Verlags- und Pressewesen).

Als die Partei feststellte, daß der Sozialismus als freie, sich selbst regulierende Gesellschaft noch immer nicht existierte, folgerte sie, daß Zwang mehr denn je nötig sei, um ihn herbeizuführen. Die Lehre sah nur zwei Realitäten vor: den Sozialismus und den Kapitalismus. Also war die Wirklichkeit gleichbedeutend mit Kapitalismus, und deshalb war in einem dritten Schritt die gesamte Realität zu vernichten: Dorf, Familie, die Überreste bürgerlicher Erziehung, die russische Sprache. Jeder einzelne mußte kontrolliert werden. Einsam und wehrlos, wie er nach der Zerstörung seiner Alltagsstrukturen dastand, preßte man ihn in einen neuen sozialen Ordnungsrahmen, um ihn umzuerziehen, umzukonditionieren. Schließlich waren die versteckten Feinde zu eliminieren.

Daß der Aufbau des Sozialismus im Innern scheiterte, erklärte man sich durch die Feindschaft der Außenwelt. Deren bloße Existenz stellte schon eine Bedrohung dar, welche Farbe das feindselige Gespenst auch tragen mochte: bürgerliche Demokratie, Sozialdemokratie, Faschismus. Also mußte man in jedem Land Organisationen bolschewistischen Typs, kommunistische Parteien, gründen. Eine zentrale Institution, die Komintern, erhielt den Auftrag, deren Aktivitäten zu koordinieren und sicherzustellen, daß sie sich am Vorbild der Zentrale orientierten. Als der Kommunismus seinen Machtbereich dank günstiger Umstände ausweiten konnte, wiederholten sich diese Etappen der Zerstörung in allen Gebieten, die dem »sozialistischen Lager« neu angegliedert wurden.

Nun stellte die Partei (durch Stalins Stimme) fest, daß der Kapitalismus im gesamten sozialistischen Lager »stärker ist denn je zuvor«. Selbst die Partei hatte er infiltriert, breitete sich in ihr aus und untergrub ihre Moral. Dem Führer, und ihm allein, oblag es daher, die Partei zu zerstören (fünfte Etappe) und aus dem Nichts eine neue zu schaffen. Dieses gefahrvolle Unterfangen forderte vom Führer gesteigertes Charisma, wodurch er in die Nähe des deutschen Führers rückte. Sobald er den Geist der Geschichte in seiner Person konzentriert hatte, wie jener den Geist der »Rasse«, konnte er es sich in seiner *splendid isolation* erlauben, den kollektiven Henker der Massen, zu denen er einen »direkten« Draht pflegte, zu liquidieren. Stalin unternahm dies nur einmal, nicht ohne sich dabei an Hitler und dessen »Nacht der langen Messer« zu orientieren. Als er es ein zweites Mal versuchte und ebenfalls Juden deportieren wollte, überraschte ihn der Tod. Mao Tse-tung tat es zweimal, während des »Großen Sprungs nach vorn« und nachdrücklicher noch während der Kulturrevolution.

ABNUTZUNG UND SELBSTZERSTÖRUNG

In letzter Konsequenz mündet die Logik der beiden Systeme in der Vernichtung der gesamten Erdbevölkerung. In der Realität wurde diese Logik aber nicht bis zum Äußersten getrieben und konnte nicht bis zum Äußersten getrieben werden.

Das Prinzip des Kommunismus ist allseits dem Ziel der Machtergreifung und des Machterhalts untergeordnet, weil die Machthaber die Aufgabe haben, das Projekt zu verwirklichen. Machterhalt erfordert aber, daß man die Existenzbedingungen der Macht verschont.

Mitunter richteten die Vernichtungsaktionen solche Verwüstungen an, daß die Machthaber der Partei Gefahr liefen, nicht etwa einen allgemeinen Aufstand zu provozieren – denn dieser Eventualität wußten sie vorzubeugen –, sondern vielmehr der Grundlage ihrer Machtausübung, des nötigen Menschenmaterials, verlustig zu gehen. So zum Beispiel gegen Ende des »Kriegskommunismus«: Rußland schmolz dahin, verflüssigte sich, und Lenin sah sich genötigt, mit der NEP eine Pause verordnen.

Solange die Revolution nicht weltweit gesiegt hatte, stellte die Außenwelt, und hätte sie sich auf eine winzige Insel reduziert, eine tödliche Gefahr dar. Ihre bloße Existenz drohte die Seifenblase der sozialistischen Fiktion zu zerstören, und dabei spielte es kaum eine Rolle, ob sich die Außenwelt wirklich feindlich verhielt, wie es im großen und ganzen nur unter Hitler der Fall war, oder ob sie, wie der Westen nach dem Untergang des Nationalsozialismus, nur Ruhe und den Status quo bewahren wollte. Um die reale Welt auf Distanz zu halten, vielleicht auch um sie zu zerstören, brauchte die Partei reale Machtmittel, und diese konnte sie nur aus der von ihr kontrollierten Realität schöpfen. Sie brauchte ein Minimum an Realwirtschaft, um die Bevölkerung zu ernähren, ein Minimum an Technologie und Industrie, um die Armee auszurüsten. Also gab es weiterhin Produzenten, Techniker, Wissenschaftler. Die Partei konnte nicht die gesamte Wirklichkeit auf die andere Seite des Spiegels befördern, weil das von ihr produzierte Nichts ansonsten auch sie verschlungen hätte.

Die letzte Etappe der Vernichtung, die Zerstörung der Partei selbst, fand an den Überlebensreflexen der Machthaber ihre Grenze. Nach den großen Säuberungsaktionen von Stalin und Mao traf die Partei Vorkehrungen zur Selbsterhaltung. Mißliebige Parteimitglieder wurden nicht mehr getötet, sondern nur noch verstoßen.

In Rußland begann damit der Niedergang des Systems. Die Partei alterte, weil Machterhalt schließlich gleichbedeutend wurde mit der Sicherung des eigenen Postens, der eigenen Stellung. Nur diesem Zweck dienten die Taktiken noch, die während der dramatischen Ereignisse entwickelt worden waren. Breschnjew verfaulte langsam auf dem höchsten Stuhl. In der Partei machte sich Korruption breit: Sie hatte sich von den kommunistischen Zielen längst verabschiedet und wollte nur noch Macht und Reichtum genießen. Sie verließ die Irrealität und kehrte in die von ihr verwüstete Realität zurück, wo sie jedoch nur grob sinnliche Genußmittel bar jeder Kunst vorfand – dies allerdings im Überfluß: Wodka, Datschen, dicke Autos. Das Volk hingegen hockte weiterhin auf dem Stück Realität, das man ihm seit jeher zugestand, richtete sich in ihm ein, so gut es ging, und begegnete dem Regime, das ihm nicht einmal mehr den Trost verschaffte, die Mächtigen fallen zu sehen und ihren Platz einzunehmen, nur noch mit Desinteresse. Der Verfall erreichte seinen Tiefpunkt. Als ein unbedeutendes Ereignis das Kartenhaus zum Einsturz brachte, das ebensogut viel früher oder viel später hätte zusammenbrechen können, zeigte sich die postkommunistische Landschaft mit ihren Mafiosi und Halb-Clochards energielos bis zur Unfähigkeit, sich zu erinnern.

Die Überlebenden der maoistischen Säuberungsaktionen in China schlugen einen anderen Weg ein. Ihr Bedürfnis nach Machterhalt ging einher mit dem Willen, China als Land zu stärken, und so flößten sie dem toten Kommunismus lebendigen Nationalismus ein. Als Zeitgenossen des sowjetischen Niedergangs bedauerten sie, daß sie einem falschen Entwicklungsmodell gefolgt waren, während sich andere Länder in ihrem Umkreis mit Erfolg an einem besseren Modell orientiert hatten. Dies erklärt auch den zweideutigen Charakter des heutigen

China. Das Land verzeichnet rasche Entwicklungsfortschritte, doch die Partei, von der man nicht so recht weiß, ob man sie noch als kommunistisch bezeichnen soll, lockert ihre Kontrolle in keiner Weise. Es gibt nur noch ein einziges rein kommunistisches Regime, das bis zum heutigen Tag lieber der Logik der Selbstvernichtung folgt: Nordkorea.

Wir wissen nicht, wie sich der Nationalsozialismus weiterentwickelt hätte. Er hat seinen Zenit nicht erreicht, sondern wurde während seiner ersten expansiven Schritte gestürzt. Die Reihenfolge seiner Zerstörungen war nicht dieselbe wie im Sowjetkommunismus. Er wandte sich gegen die Außenwelt, bevor er die Gesellschaft Deutschlands zugrunde gerichtet hatte. Während die UdSSR es vorzog, den »äußeren« Feind organisiert zu unterwandern und planmäßig zu zermürben, bevor sie die Rote Armee schickte, um den politischen Sieg zu besiegeln, griff der Nationalsozialismus sofort zum Mittel des Krieges. Der Krieg hat die Umsetzung des nationalsozialistischen Plans zwar ungeheuer beschleunigt, doch nur um den Preis, weltweiten Widerstand auf den Plan zu rufen, der in kurzer Zeit den Sieg davontrug.

Angesichts der unvorhersehbaren Wendungen in Hitlers Politik wäre ein Kompromißfrieden, der dem Nationalsozialismus ein ausgedehntes und stabiles Herrschaftsgebiet gesichert hätte, durchaus vorstellbar gewesen. In diesem Fall hätte sich das Regime nach Hitlers Tod in ähnlicher Weise abgenutzt wie das leninistische Regime. Leszek Kołakowski hat zu diesem Thema einen Apolog verfaßt. Er stellte sich vor, wie die *New York Times* in den achtziger Jahren über das Nazi-Regime berichtet hätte, und orientierte sich dabei an den Beiträgen, die die Zeitung zu dieser Zeit über die UdSSR unter Breschnjew veröffentlichte. Kołakowskis fiktiver Journalist äußert seine Zufriedenheit über die Mäßigung der politischen Umgangsformen und die überall zu verzeichnenden Fortschritte eines Nationalsozialismus mit menschlichem Antlitz. Die einstigen Gewalttaten, insbesondere das harte Schicksal der Juden, seien zwar bedauerlich, doch dies alles gehöre längst vergangenen Zeiten an und sollte die glänzenden Errungenschaften nicht vergessen machen, die dem langsam sich normalisierenden Regime positiv anzurechnen seien.

Im Hinblick auf die Abnutzung und den Bankrott der beiden totalitären Regime spielte die Außenwelt eine ungleiche Rolle. Entscheidend war sie im Fall des Dritten Reichs, das unter dem Ansturm mehrerer Armeen zusammenbrach. Nur selten hingegen stellte die »kapitalistische« Welt für die kommunistischen Regime eine Gefahr dar. Der Nationalsozialismus hat die Legitimität des Kommunismus in den Augen des Westens gesteigert. In der Zeit des sogenannten »Kalten Kriegs« wurde das anfangs anvisierte *Roll back* sogleich zugunsten einer Politik der »Eindämmung« aufgegeben. Dies konnte indes nicht verhindern, daß sich der Kommunismus in weiten Gebieten Asiens, Afrikas und auch Lateinamerikas festsetzte. Der einzige Punkt der Erde, wo der Kommunismus auf dieselbe Weise gestürzt wurde wie der Nationalsozialismus – nämlich durch eine ordentliche militärische Intervention, gegen die einige nichtkommunistische Mächte allerdings lauthals Protest erhoben –, war das winzige Eiland Grenada.

KAPITEL 4
THEOLOGIE

Wir sind in unserer Untersuchung an einem Punkt angelangt, an dem wir die historische Analyse verlassen müssen, wenn wir der Erfahrung der Menschen gerecht werden wollen. Das Übermaß an Ungerechtigkeit überforderte ihr Herz ebenso wie ihren Verstand. Vergeblich suchten sie nach einem Präzedenzfall und mußten schließlich einsehen, daß sie es mit einem neuartigen, unbekannten Untier zu tun hatten. Die meisten der herausragendsten Zeitzeugen des 20. Jahrhunderts riefen den Himmel an. Manche meinten, er sei leer, andere sahen einen Grund, ihn anzuflehen, zu beschwören, zu hoffen. Indes, bei der Lektüre von Orwell, Platonow, Achmatowa, Mandelstam oder Levi steigt die Ahnung auf, daß beide Reaktionen auf die metaphysische Herausforderung in vielen Seelen auf dunkle Weise nebeneinander wohnten oder einander abwechselten.

DAS BÖSE

Plotin betrachtete das Böse als *privatio boni*, als »Abwesenheit des Guten«. Die Scholastiker präzisierten dies als Privation eines *gebührenden* Guten. Blindheit zum Beispiel ist ein Übel, weil das Augenlicht dem Menschen wesentlich eignet. Wenn er nun unfähig ist, das Unsichtbare zu sehen, obwohl er gute Augen hat, so kann er sich gleichwohl nicht beklagen, weil der Gesichtssinn nicht dazu bestimmt ist, Dinge außerhalb eines bestimmten Feldes wahrzunehmen. Der Gedanke zielt darauf, daß sich das

Böse negativ bestimmt. Es ist reines Nichts, ein Loch im Sein. Meines Erachtens vermittelt diese Definition keine hinreichende Vorstellung von dem Schrecken, der die Menschen angesichts dessen, was der Kommunismus und der Nationalsozialismus ihnen angetan haben, erfaßte.

Ursache dieses Schreckens war weniger das Böse selbst als vielmehr der vorgeordnete Wille zum Bösen. Der Mensch will von Natur aus glücklich sein. Sein Wille ist normalerweise auf das gerichtet, was er als gut ansieht. Da seine Vorstellungskraft nicht sehr weit reicht, liegt auf der Hand, was die antiken Philosophen näher erklärt haben: daß sich der Mensch mit Blick auf das für ihn Gute leicht irrt und daß er Böses tut, weil er die möglichen Kosten nicht übersieht. Diebstahl verschafft offenkundig ein Gut, Unzucht bringt einen Lustgewinn, Töten beschwichtigt den Zorn, Lügen hilft aus einer mißlichen Situation. Doch all dies hat seinen Preis. Auf der anderen Seite begegnen wir Handlungen, die für den normalen Menschen von keinerlei vorstellbarem Lustgewinn begleitet sind und auf unmenschliche Weise interesselos erscheinen. Die sie begehen, fühlen sich offenbar von der bloßen Regelüberschreitung angezogen. Sie machen angst, weil man sie nicht versteht, weil sie die allgemeinverbindlichen Regeln der Menschlichkeit offenkundig hinter sich gelassen haben. Den Dieb, den Unzuchttreibenden, den Mörder verstehen wir sehr gut, weil wir in unserer Seele Berührungspunkte finden und nicht sehr tief in unser Innerstes hinabsteigen müssen, um in uns ein gewisses Maß an Habgier, Fleischeslust und Gewaltbereitschaft zu entdecken. Doch vor jenen anderen Handlungen stehen wir fassungslos wie vor einem Wunder, einem verkehrten Wunder, einer negativen Ausnahme von den bekannten Regeln der Natur. Der Mensch will, was für ihn gut ist, aber hier ist kein vorstellbares Gut. Deshalb sahen sich alle, die den Kommunismus oder den Nationalsozialismus erlitten oder auch nur mit einigem Eifer studiert haben, mit der quälenden Frage nach dem Warum konfrontiert. Warum unternimmt man die Anstrengung eines Kriegs, stürzt sich in Unkosten, überlastet das Transportwesen und mobilisiert zahllose Menschen, nur um ein jüdisches Mädchen, das sich auf einem Speicher versteckt hält, zu finden und in den Tod zu schicken? Warum verhaftet man, als jede organisierte Opposition längst zerschlagen ist und alle unterwürfig und gehorsam sind, Millionen von Menschen und mobilisiert den Polizei- und Justizapparat, nur um den Gefangenen das Geständnis unvorstellbarer und offenkundig absurder Verbrechen abzupressen und, nachdem sie gestanden haben, das Volk zu versammeln, auf daß es die Komödie der Entrüstung spiele und dem Tötungsakt beiwohne? Warum läßt man am Vorabend eines unausweichlichen Krieges die Hälfte der Generäle erschießen?

Am unverständlichsten jedoch schien, daß diese ungeheuerlichen und dummen Verbrechen von gewöhnlichen Menschen, ja ganz besonders gewöhnlichen Menschen, ausgestattet mit gewöhnlicher Intelligenz und gewöhnlichen Moralvorstellungen, begangen wurden. Hier und da traf man in der riesigen Menge der Henker auf charakterlich perverse Individuen, auf Sadisten, denen es Vergnügen bereitete, anderen Schmerz zuzufügen – aber das waren die Ausnahmen. Gewiß, die konstitutionell Perversen erlebten eine Hochzeit, man benutzte sie für gewisse Tätigkeiten, doch nur bis zu einem bestimmten Punkt, jenseits dessen man sie im Namen von Disziplin und Ordnung beiseite schob und mitunter sogar bestrafte. Deshalb konnten sich die Opfer in ihrem Wunsch, zu verstehen, auch nicht mehr an den Erklärungsgrund der Niedertracht klammern, derer der Mensch zweifellos fähig und vielfach auch schuldig ist. Die Suche nach Erklärungen mußte »weiter oben« ansetzen, am »System«. Doch die Existenz einer wie immer wahnsinnigen Systemrationalität wurde durch die selbstzerstörerischen, dem eigenen Interesse zuwiderlaufenden Handlungen des Systems selbst dementiert.

Aus diesem Grund bescheinigte man manchen Führern – allen voran Stalin – eine gewisse Menschlichkeit, hielt ihnen ihre kriminelle Persönlichkeit zugute und war ihnen in gewisser Weise sogar dafür dankbar: Schließlich bot sie eine Erklärung und stellte die Kohärenz der Weltwahrnehmung wieder her. Da die Geschichte zahlreiche Beispiele für verbrecherische Tyrannen bereithält, existierten Präzedenzfälle: Es gab also nichts Neues unter der Sonne. Dies milderte die Angst vor dem Unbekannten. Die Scharfsinnigsten indes wußten, daß der vorgebliche Tyrann keiner war, da er seine Handlungen nicht an seinem persönlichen Wohlergehen ausrichtete. Er selbst wurde durch eine höhere Instanz tyrannisiert. Das Verbrechen, so drängte sich der Schluß auf, hing zwar irgendwie mit Wahnsinn zusammen, doch war dies kein gewöhnlicher Wahnsinn, wie man ihn von verrückten Tyrannen kannte, denn Verrücktheit beinhaltet auch Beliebigkeit und bietet Raum für Ruhe und Spiel. So verschafften die Possen des Ehepaars Ceauşescu den Rumänen Momente der Erleichterung. In den schlimmsten Augenblicken jedoch produzierte der ideologische Wahnsinn einen kompakten Block, in dem kein Raum mehr war für Zuflucht, und alles wandte sich zum Bösen.

DER DÄMON UND DIE PERSON

So fühlten sich auch wenig religiöse Geister spontan versucht, über die intelligible menschliche Ordnung hinauszublicken und die höhere Führung einer andersartigen Ordnung in Betracht zu ziehen. Nicht allein das Ausmaß des geschehenen Unrechts und die unmittelbare Nähe des Bösen veranlaßte diese Menschen, den Himmel zu befragen, sondern vor allem ihr Unvermögen, das Geschehene auf irgend etwas Bekanntes zu beziehen. Ein weiterer Grund war, daß beide Regime einen Haß auf alle

Religionen verkündeten, die eine von der menschlichen Ordnung unterschiedene göttliche Ordnung verehrten. Der Nationalsozialismus haßte den Gott Abrahams, der Kommunismus jede Art von Gottheit, allen voran den Gott der Juden. In allen eroberten Ländern wurden die religiösen Organisationen teils zerstört wie in Albanien (das erste Land der Welt, das sich als atheistisch bezeichnete), häufiger jedoch unterjocht und fremden Zwecken dienstbar gemacht. Ob Christen, Juden, Moslems, Buddhisten, Taoisten oder Konfuzianer – sie alle wurden nicht nur zeitweise, sondern permanent wegen ihrer Religiosität verfolgt. Die Verfolgung brachte keinerlei politischen Nutzen, eher eine Menge Unannehmlichkeiten, und doch währte sie bis zum letzten Tag.

So zogen einige Märtyrer das Wirken einer über den Menschen stehenden Ordnung in Betracht und wähnten einen »Engel« am Werk, der seine Macht auf direktem Wege auszuüben imstande ist. Seine Macht vermittelt sich nicht über den bösen Willen der Menschen, sondern sie lenkt ihr Tun unmittelbar, ohne daß sie es bemerken und entweder überhaupt nicht oder nur dunkel wissen, was sie eigentlich tun. Sie schläfert den gesunden Menschenverstand und das Gewissen ein und verwandelt den unter einer Art Zauber stehenden Menschen in eine Marionette, deren Fäden sie, diese unmittelbar wirkende Macht, in Händen hält. Folgt man diesem ahnungsvollen Gedanken, so ist der letzthinnige Tyrann nicht Hitler, nicht Lenin und nicht Mao, sondern der Fürst dieser Welt *in persona*.

In Person: der Ausdruck ist zweideutig. Boethius' Definition der Person als »individuelle Substanz von rationaler Beschaffenheit« machte Schule. Folgt man dieser theologischen Tradition, so stünde zu vermuten, daß diese geschaffene Substanz, sobald sie die Ordination durch ihren Schöpfer und ihre eigene Zweckbestimmung verliert, unter Widersprüchen leidet, die sie beschädigen und zersetzen. Wenn man in dieser Richtung weiterspekuliert – denn über die Welt der Engel läßt sich nichts Positives wissen –, wird die Substanz des gefallenen Engels aufgrund seiner Höherrangigkeit in höherem Maße als beim Menschen von seinem bösen Willen verzehrt. Die Nichtung, die er herbeiführt, vollzieht sich allererst an ihm selbst; seine Substanz – die uns Menschen als etwas Positives, Unzerstörbares, durch die Sünde zwar Zugrundegerichtetes, aber dennoch nicht Zerstörtes erscheint – reduziert sich nach und nach auf seinen reinen Willen zum Bösen. Was an natürlichem Substrat an ihm noch bliebe, die Person, würde sich demzufolge aufgrund seiner höheren Befähigung zum Bösen asymptotisch der Unpersönlichkeit annähern. Die Person des gefallenen Engels würde das größtmögliche Maß an Unpersönlichkeit in sich tragen.

Dieser zweifellos spekulative Gedanke würde indes den Begriff einer unpersönlichen Person erklären, der sich durch die gesamte Literatur der Zeitzeugen zieht. Letztere stellten immer wieder mit Beklemmung fest, welch platte, armselige und banale Menschen ihre Folterknechte und Henker doch waren und wie unpersönlich die gesamte Hierarchie der Macht, einschließlich der Machtspitze. Verwundert notierten sie, wie sehr das unglaubliche Zerstörungsvermögen dieser mit wunderbarem Einfallsreichtum begabten und zu allergrößter Detailgenauigkeit fähigen Apparate mit ihrem ebenso unglaublichen Unvermögen kontrastierte, noch die bescheidensten Dinge, die zum Leben oder auch nur für ihr eigenes Überleben nötig gewesen wären, zu organisieren, aufzubauen oder schlicht nicht zu zerstören.

Wer besaß die Macht im nationalsozialistischen und kommunistischen Regime? Die Beantwortung dieser einfachen Frage schien viel leichter als bei jedem anderen Regime – schließlich war der Inhaber aller Macht (der Führer, der Generalsekretär, die Partei) überall sichtbar, ja von einer erdrückenden Allgegenwärtigkeit –, und dennoch erwies sich diese Frage für alle, die der philosophischen Reflexion fähig waren – Jünger, Platonow,

Orwell, Milosz, Sinowjew, um nur einige zu nennen – als abgrundtiefes Rätsel. Ihre Schriften deuten an, was gläubige Seelen – Mandelstam, Achmatowa, Bulgakow, Rauschning, Herbert, Solschenizyn – offen aussprachen: Es war der Teufel. Er war es, der seinen Untertanen seine unmenschliche Unpersönlichkeit mitteilte. Dostojewski und Wladimir Solowjew ahnten es voraus. Es hieße all diesen Zeugnissen kein treues Gehör schenken, wenn wir diese Person nicht erwähnten, obgleich wir uns bewußt sein müssen, daß uns Zurückhaltung auferlegt ist mit Blick auf das unheimliche Zentrum, das gläubige Zeitzeugen bei diesem Namen nannten und dessen Nähe sie aus Erfahrung kannten und als offenkundige Tatsache erfuhren.

DAS HEIL

Nichts am Kommunismus und am Nationalsozialismus erinnert so deutlich an die Bibel wie ihr gemeinsamer Wille, die Welt zu *retten*, wenngleich sie das angestrebte Heil nur durch Auslöschung jeder Erinnerung an die Bibel erreichen konnten. In den »heidnischen« Religionen geht Gott in der Natur auf. Sie bildet den hinreichenden Grund zur Idee des Göttlichen und ist mit göttlicher Ordnung gleichbedeutend. Die Philosophie der Antike – und soweit mir bekannt auch die indische und chinesische Philosophie – verhießen kein universelles Heil. Nur eine kleine Elite konnte nach langen und schwierigen geistigen Übungen diesen Zustand erreichen und die Fähigkeit erlangen, der Natur und ihrem ewigwährenden Gefüge gemäß glücklich zu leben. Der Heilsgedanke, insofern er einen »Exodus« aus der Welt oder die Idee, die Welt insgesamt zu »verändern«, impliziert, hat in diesen Religionen und Philosophien keinen Platz.

Der marxistisch-leninistische Heilsgedanke ist optimistischer Natur und insofern mit dem Heilsgedanken der biblischen

Prophezeiung vergleichbar. Sein Ziel ist die Überwindung der gegebenen Natur, des gegebenen Menschen, die Herbeiführung einer messianischen Zeit des Friedens und der Gerechtigkeit, in der Wolf und Lamm gemeinsam weiden, in der die Disziplin und die Frustrationen von Ehe, Familie, Eigentum, Recht und Knappheit abgeschafft sind. In letzter Konsequenz würde sogar der Tod besiegt. Solche Träumereien tauchten in den Anfängen der bolschewistischen Revolution auf, als ein gewisser Fedorow von einer wissenschaftlichen Auferweckung der Leiber, von Unsterblichkeit schwärmte. »Der neue Mensch«, den der Sozialismus hervorbringt, ist eine Art verherrlichter Leib, wie ihn die Prophezeiung andeutet. Das Heil ist in Menschenhand gelegt und durch politische Mittel zu verwirklichen. *Non Domino sed nobis.*

Nur eine kleine Minderheit glaubt heute an die Existenz göttlicher Gebote. Indes, wenn sie wirklich noch daran glaubt – so wie viele Juden und Christen daran glaubten, die anschließend zum Kommunismus überwechselten –, so sollte ihr der Widerspruch zwischen der Vorstellung eines von Menschen geleiteten *Fortschritts* und der Lehre der Bibel auf Anhieb auffallen. Das Konzept des Fortschritts als einer tiefgreifenden Umwandlung des menschlichen Wesens, herbeigeführt durch die Geschichte oder einen politisch-historischen Willen, kann nicht akzeptiert werden, weil dieses Konzept eine Verwandlung, die sich laut Bibel allein göttlicher Gnade verdankt, von politischem Handeln abhängig macht. Menschliches Handeln, das sich zum Ziel setzt, was nur göttlichem Handeln möglich ist, strebt Unmögliches an. Gewalttätiges Handeln wider die Natur scheitert und wandelt sich schon bald zur Zerstörung von Natur und Mensch. Pelagius dachte, der Mensch könne sich durch Willenskraft und Askese in einem gewissen Maße selbst erretten. Der hl. Augustinus konterte, der Pelagianer unterdrücke sich nur, ohne sich deshalb zu bessern. Genau so erging es dem »positiven Helden« der bolschewistischen Legende, nur daß er eine Wendung zum Schlechteren nahm. Der Pelagianer meinte die Tugend im gewöhnlichen Sinn des Wortes zu erreichen, der positive Held visierte eine ideologisch definierte Tugend und also ein Laster an. Der alte Pelagianismus zielte nach Art der antiken Philosophie auf persönliche Besserung, seine moderne Version hingegen meinte das Kollektiv. Die Übertragung der pelagianischen Idee auf die politische Macht wirkte um so viel zerstörerischer, weil nun der andere – alle anderen – durch Erziehungsmaßnahmen gebessert werden sollten, nötigenfalls in einem mit Stacheldraht umzäunten Lager, durch Umerziehung.

Der nationalsozialistische Heilsgedanke ist pessimistischer Natur. Er verlangt die Überwindung aller Illusionen, mit denen die Bibel und insbesondere die Evangelien, jene Frucht des »Ressentiments«, die Menschheit vergiftet haben. Der nationalsozialistische Heilsgedanke zielt auf die Rückkehr zu einer natürlichen, im schwarzen Licht romantischer Tragik entworfenen Ordnung, auf die Rückwendung zur uranfänglichen Reinheit von Blut und Boden, die durch die technizistische Kommerzgesellschaft und verderbliche Rassenmischung befleckt wurde. Der Appell des Nationalsozialismus richtet sich an Helden, die den Tod akzeptieren, an all jene, die die Illusion von Wahrheit und Gerechtigkeit aufgegeben haben und bereit sind, dem im Führer verkörperten Willen der Rasse, des Volks* bedingungslos zu folgen. Der Übermensch ist ein Ritter: unerschütterlich und loyal, edel und schön, ob siegreich oder geschlagen. Daß dieses Ideal in einem Regiment hirnloser SS-Schergen, in einer Hierarchie von Gaunern mit einem Verrückten an der Spitze in einem picrocholinischen** Vernichtungskrieg endete, haben wir gesehen.

---

* Deutsch im Original. (*AdÜ*)

** Picrochole ist eine Figur aus Rabelais' *Gargantua und Pantagruel*. Stets zornig und bereit, in den Krieg zu ziehen, plant er unmögliche Eroberungen. (*AdÜ*)

Ungeachtet ihres gegensätzlichen Charakters teilten beide Lehren die Idee eines geschichtlich zu verwirklichenden kollektiven Heils – eine biblische Idee, die den geschichtslosen antiken, indischen und chinesischen Philosophien völlig fremd ist. Auf dieses Schema pfropften sie einen Wust an Begriffen aus den Natur- und Geschichtswissenschaften und verwandelten das immense Wissen, das das 19. Jahrhundert angehäuft hatte, in eine Gedankenmaschinerie von geradezu *übernatürlicher* Armseligkeit. In der Tat ist die menschliche Verstandeskraft nicht so beschaffen, daß sich diese beiden unsinnigen Systeme als ihr Produkt ausgeben können. Es ist unerklärlich, wie sich so viele mit normaler und mitunter überdurchschnittlicher Intelligenz begabte Köpfe – Professoren, Gelehrte, zu herausragenden Leistungen fähige Denker – derart vom gesunden Menschenverstand entfernen und in einen regelrechten geistigen Lähmungszustand verfallen konnten. Tiefenpsychologische Erklärungsmuster sind hier nur von metaphorischem Wert, ebenso wie das Bild vom Rattenfänger mit Blick auf den Nationalsozialismus. Doch wer diese Legende bemühen möchte, ist sicher auch bereit, die Person zu zitieren, die sich hinter dem Rattenfänger von Hameln versteckt: Die Heilige Schrift bezeichnet sie als einen »Mörder von Anfang an«, als einen »Lügner und Vater derselben«.

DAS »BIBLISCHE ERBE« IM NATIONALSOZIALISMUS

Gobineau und Nietzsche, auf die sich die Nationalsozialisten bisweilen beriefen, seien keine Antisemiten, hört man immer wieder. Tatsache ist, daß sie die Juden erklärtermaßen bewunderten, weil sie eine »überlegene Rasse«, eine »Aristokratie« (Gobineau) bildeten und sich nicht in der von der Demokratie hervorgebrachten Masse der »letzten Menschen« auflösten. Nietzsche bezeichnete den Antisemitismus überdies als vulgäre Ausgeburt der Demokratie. Indes, man braucht nicht tief zu schürfen, um unter der oberflächlichen Bewunderung Neid und Mißgunst zu ahnen. Der deutsche Nationalismus ahmte mit seiner Verherrlichung von Volk und Rasse das Auserwähltsein des jüdischen Volks durch Gottes Vorsehung nach. Das Auserwähltsein des deutschen Volks verdankte sich nicht der Vorsehung, sondern war ein Produkt von Geschichte und Natur: Das deutsche Volk trat das universale Erbe der aufeinanderfolgenden Völker an. Der russische Nationalismus übertrug nur auf die Slawen und das russische Volk, was den Germanen und den Deutschen verheißen war.

Da sich das Auserwähltsein des deutschen Volks von Natur und Boden herschrieb, war es nur stimmig, daß das jüdische Volk als lebendige Negation von Natur und Boden erschien.

Schon der junge Hegel hob hervor: »Der erste Akt, durch den Abraham zum Stammvater einer Nation wird, ist eine Trennung, welche die Bande des Zusammenlebens der Liebe zerreißt, das Ganze der Beziehungen, in denen er mit Menschen und Natur bisher gelebt hatte.« Abraham »war ein Fremdling auf Erden. [...] Die ganze schlechthin entgegengesetzte Welt [...] war von dem ihr fremden Gott getragen, an dem nichts in der Natur Anteil haben sollte [...]. Auch von ihm hatte Abraham Haltung, welcher durch ihn auch allein in mittelbare Beziehung mit der Welt, die einzige ihm mit der Welt mögliche Art von Verbindung kam [...]. Nur lieben konnte er nichts.« Es lag »in Abrahams und seiner Nachkommen eifersüchtigem Gotte die entsetzliche Forderung [...], daß er allein und diese Nation die einzige sei, die einen Gott habe«.

Ihr Verhältnis zu Gott sondert die Juden von der Menschheit ab. Sie können keinem Gemeinwesen angehören, weil das Heilige des Gemeinwesens, beispielsweise zu Eleusis, »ewig außer ihnen, ungesehen und ungefühlt« war. Auch an epischem Heldentum haben sie nicht teil. »Für die Juden wird [in Ägypten]

Großes getan, aber *sie* beginnen nicht mit Heldentaten; für sie leidet Ägypten die mannigfaltigsten Plagen und Elend, unter allgemeinem Jammergeschrei ziehen sie weg, fortgetrieben von den unglücklichen Ägyptern, aber sie haben selbst nur die Schadenfreude des Feigen, dessen Feind, aber nicht durch ihn, zu Boden geworfen wird [...].« So ist ihre letzte Handlung in Ägypten denn auch ein »Diebstahl«.[1]

Hegel empfindet es als unerträglich, daß die Juden für sich in Anspruch nehmen, Gottes auserwähltes Volk zu sein, daß sie sich absolut abhängig bekennen von einem Gott, den er – zumindest in seiner Jugend, später sollte er seine Auffassung revidieren – als dem Menschen fremd und feind seinem Adel und seiner Freiheit betrachtet. Abraham, »in dessen Geiste die Idee« dieses Gottes war, machte den Juden zum »alleinigen Günstling«, eine Überzeugung, die auch die Wurzel seiner »Verachtung gegen die ganze Welt« war. Als erklärte Sklaven ihres Gottes können die Juden nicht die Würde des freien Menschen erlangen: Die »Griechen sollten gleich sein, weil *alle* frei, selbständig, die Juden gleich, weil *alle* ohne Fähigkeit des Selbstbestehens waren«. Deshalb sieht Hegel, der hier offenkundig als Marcionit argumentiert, einen grundsätzlichen Unterschied zwischen dem Gott der Christen und dem Gott der Juden: »Jesus bekämpfte nicht nur einen Teil des jüdischen Schicksals, weil er nicht von einem anderen Teil desselben befangen war, sondern stellte sich dem Ganzen entgegen [...].«

Hegel transponiert in die Tonart der großen Philosophie die wie immer bewußten oder unbewußten Gefühle, wie sie die heidnische Seele umtreiben, wenn sie mit dem übernatürlichen Mysterium Israels konfrontiert wird, das sie als fremd und feind aller Natur empfindet – Gefühle, die auch in manchen getauften Seelen rumoren. Diese dunklen Affekte wurden von deutschen

[1] G. W. F. Hegel, *Der Geist des Christentums und sein Schicksal*, Werke Bd. 1, Frankfurt am Main 1983, S. 277-284.

Denkern besser konzeptualisiert als von anderen Nationen. Adolf von Harnack, die große theologische Autorität des wilhelminischen Deutschland und des europäischen liberalen Protestantismus, veröffentlichte unter dem Titel *Das Wesen des Christentums* 1900 einen Sammelband mit Vorlesungen, die er an der Berliner Universität gehalten hatte. Harnacks »Wesen« durchläuft vier historische Entwicklungsstadien: das jüdische, das griechische, das lateinische und schließlich das deutsche, in dem es zu seiner Vollendung und reinsten Ausprägung gelangt.[2] In einem weiteren seiner Werke zögert Harnack nicht, den Gnostiker Marcion mit Martin Luther, dem Gründer des »deutschen Christentums«, zu vergleichen. Die Russen ihrerseits schufen eine reichhaltige Literatur über das russische Christentum, den russischen Christus, ja Rußland *als* Christus. Léon Bloy und Charles Péguy reklamierten für Frankreich das Privileg eines Vorzugsverhältnisses zu Gott. Allerdings orchestrierten in diesem Land nicht die herausragenden, nur die mittelmäßigen Geister die antijüdische Thematik.

In Deutschland senkte sie sich indes in die niederen, verrückten Seelen der führenden Nationalsozialisten. Hitler karikierte den Philosophen Hegel in Rauschnings Beisein: »Der Jude ist das Geschöpf eines anderen Gottes. Er muß einer anderen Wurzel des menschlichen Stammes entwachsen sein. Der Arier und der Jude, stelle ich sie einander gegenüber und nenne den einen Mensch, so muß ich den anderen anders nennen. Sie sind so weit von einander wie das Tier vom Menschen. Nicht daß ich den Juden ein Tier nenne. Er steht dem Tier viel ferner als wir Arier. Es ist ein naturfremdes und naturfernes Wesen.«[3]

Und wenn Hitler Rauschning gegenüber des weiteren äußerte, es könne »nicht zwei auserwählte Völker geben. Wir sind das Volk Gottes«[4] – so handelt es sich hierbei zwar um

2 Adolf von Harnack, *Das Wesen des Christentums*, Gütersloh 1999.
3 Hermann Rauschning, *Gespräche mit Hitler*, Wien 1973, S. 227 f.
4 Ebd., S. 227.

reine Rhetorik – denn Hitler glaubte weder an den jüdischen noch an den christlichen Gott –, doch eines wird daran deutlich, nämlich wie sehr sein von Wahnsinn getriebener Antisemitismus die biblische Gestalt einer *perversa imitatio* der heiligen jüdischen Geschichte war. Das auserwählte arische Volk, die auserkorene germanische Rasse reinigt den deutschen Boden, wie Israel die Erde Kanaans reinigte. Dies ist die erste Etappe der Heilsgeschichte. Die zweite besteht in der Eliminierung des verjudeten Christentums, das die jüdische Feigheit und demokratische Entartung auf den Gipfel getrieben hat. Die dritte Etappe ist der Triumph der edlen Seelen, die sich notfalls auf ein germanisiertes Christentum beziehen mögen, besser jedoch auf die alten Götter des naturverhafteten vorchristlichen Pantheons. Als Schutzpatrone der neuen Kultur können dann Nietzsche und Wagner in Anspruch genommen werden – freilich erst nach einem Durchgang durch die Trennschleuder der nationalsozialistischen Ideologie, aus der sie verstümmelt, verwildert, verblödet hervorgehen.

DAS »BIBLISCHE ERBE« IM KOMMUNISMUS

Wenn sich der Nationalsozialismus als Fälschung des Alten Testaments erweist, so fälscht der Kommunismus zugleich das Alte und das Neue Testament. Seine *perversa imitatio* des Judentums und des Christentums – die ja seinen »Charme« ausmacht – ist eine so weithin anerkannte Tatsache, daß wenige Worte genügen, um den Sachverhalt zu erläutern.

Die kommunistische Ideologie nennt einen Mittler und einen Erlöser. Das »Proletariat«, der »Ausgebeutete«, der Besitzlose wird die Tür zur Befreiung der Welt aufstoßen. Er verhält sich zu den anderen Klassen wie Israel zu den anderen Nationen, wie der »Rest Israels« zu Israel. Er ist der leidende Knecht Jesaja, und er ist Christus. Er ist die Frucht der naturalisierten Geschichte, wie jener die Frucht der heiligen Geschichte. Aus all diesen Gründen wirkte der Kommunismus auf Juden wie auf Christen anziehend. Letztere glaubten in ihm die frohe Botschaft an die Armen und Niedrigen zu erkennen. Der Kommunismus verkündet Universalität, denn unter ihm wird es weder Juden noch Griechen, weder Sklaven noch Freie, weder Mann noch Frau geben, so wie der hl. Paulus es verheißen hat. Er schafft die nationalen Barrieren ab, was dem Heil, das den »Nationen« verheißen war, entspricht. Er bringt den Frieden und die Gerechtigkeit des messianischen Reiches. Er überwindet die Herrschaft des Interesses und trocknet die »eisigen Gewässer der selbstsüchtigen Berechnung« aus. Die reine Liebe Fénelons, die Uneigennützigkeit Kants werden sich in dem neuen Klima entfalten.

Der Kommunismus verhieß den Juden Befreiung von der Last der Gebote, dem Zaun der Thora, der Trennung von den Nationen. Er nahm von ihnen den Druck, Jude zu sein, und schaffte damit die dauerhaften Ursachen ihrer Unterdrückung ab. Er war eine Alternative zum Judentum, die nicht den Übertritt zum ebenfalls verachteten Christentum oder Islam implizierte, der die Juden ja nicht wirklich schützte, weil sie, wie die Geschichte gezeigt hat, auch nach ihrer Bekehrung als Juden kenntlich blieben. Der Kommunismus bedeutete also den Eintritt in eine neue Welt, den die Juden nicht durch Verrat oder Apostasie erkaufen mußten, weil das religiöse Ziel der Thora – Frieden und Gerechtigkeit – darin aufgehoben schien. Die jüdische Gemeinschaft konnte ideell fortbestehen, derart nämlich, daß die Bezeichnung »Jude« nun ohne Schande getragen werden konnte und keine besondere Verantwortung, keine besonderen Verpflichtungen mehr mit sich brachte, vielmehr eine ruhmreiche Herkunft anzeigte, weil der Jude qua Unterdrückung mit dem »Proletariat« verwandt war. Schließlich konnte der Übertritt zum Kommunismus – man möchte sagen: der Exodus – als Vollendung der seit 100 Jahren unaufhaltsam voranschreitenden Emanzipation und Säkularisierung erscheinen.

An die Christen hingegen erging die direkte Aufforderung, ihrem Glauben an Gott abzuschwören. Allerdings stand ihr Glaube, wie eine reife Frucht, unmittelbar vor dem Fall. Angesichts der fortlaufenden Angriffe, die seit der Aufklärung gegen ihn vorgetragen wurden, konnte der Glaube vor der Vernunft immer weniger bestehen. Kein großer Denker seit Leibniz fühlte sich noch durch die Autorität der Dogmen gebunden, keiner suchte die Wahrheit noch in einer vertieften Auseinandersetzung mit ihnen. Wenn sich herausragende Autoren weiterhin zum christlichen Glauben bekannten, so schlugen sie entweder, wie Kant oder Hegel, eine rationale Ausdeutung im Rahmen ihres Gedankengebäudes vor, oder sie räumten wie Rousseau, Kierkegaard und Dostojewski die völlige Irrationalität der christlichen Glaubensvorstellungen ein. Andere wiederum suchten das Christentum aus den Erfordernissen der Moral, des praktischen Handelns, der Mildtätigkeit herzuleiten. Doch gerade in dieser letzten Zuflucht wurde der christliche Glaube von der kommunistischen Idee heimgesucht, konnte der Kommunismus das Christentum doch mit guten Argumenten beschuldigen, das Opium des Volkes zu sein, eine illusorische Flucht aus der Welt, ein ohnmächtiger Trost angesichts ungerechter Verhältnisse, zu deren Komplizen sich der christliche Glaube durch sein bloßes Dasein mache. Ein ganzes Jahrhundert lang, von Lamennais bis Tolstoi und anderen, war ein bedeutender Teil des christlichen Denkens versucht, mit dem humanitären Denken zu verschmelzen, weil letzteres sich als wahrhaftigeres Christentum darstellte und von einer Begeisterung und einer Inbrunst getragen war, die der traditionellen Religion längst abhanden gekommen waren. Der Kommunismus vermittelte dem Konvertiten das Gefühl, das Gebot der Nächstenliebe endlich auf realistische Weise zu praktizieren, während die Vernunft beruhigt sein konnte, da sie sich fortan auf dem sicheren Boden der Wissenschaft bewegte.

Die christliche Religion ist seit ihrer Geburt ein instabiles Gebäude. Sie beherbergt ein Nest an Schwierigkeiten, eine Unmenge von Motiven zum Zweifel, und erfordert permanente Anstrengungen, um die Balance zu halten. Kaum eine dieser durch die jeweiligen historischen Umstände bedingten Krisen gehorcht jedoch nicht bereits bekannten Schemata. Das christliche Massiv weist Lawinenschneisen auf, die seit den ersten Jahrhunderten unserer Zeitrechnung bis zum heutigen Tag akut sind. Die großen Häresien aus den Anfängen des Christentums wurden von späteren Bewegungen immer wieder aufgegriffen, ohne daß sich die Protagonisten darüber im klaren gewesen wären, daß sie ausgetretenen Wegen folgten. Sie traten in die Fußstapfen von Häretikern, deren Namen sie ebensowenig kannten, wie ihnen bewußt war, daß sie verwandte Lehren verkündeten.

Die im vorliegenden Fall relevanten häretischen Wege erweisen sich als die ältesten in der Geschichte des Christentums: Gnostizismus, Marcionismus und Millenarismus.

Der Gnostizismus ist in Wahrheit nichts spezifisch Christliches. Er schmarotzt ebenso auf dem Judentum und dem Islam. Er besetzt ein so weites Gebiet, daß ich mich auf kurze Andeutungen beschränken muß. Der Marxismus-Leninismus ist, wie gesagt, zunächst einmal eine bestimmte Weltanschauung. Natur und Geschichte zeichnen sich durch eine Gut-Böse-Polarisierung aus, die nur den Eingeweihten der wahren Erkenntnis bekannt ist und allererst von ihnen etabliert wird. Die Eingeweihten vermitteln dieses Heilswissen in die Köpfe der Normalsterblichen und treiben die Welt in die Richtung des letzten Guts. Diese Grundstruktur läßt sich in den meisten Gnostizismen feststellen, namentlich in jenen, die dem hl. Johannes zur Zeit Cerinths, dem hl. Irenäus zur Zeit Valentinos' ein Abscheu waren. Daß sich die Lehre seit Marx auf die positive Wissenschaft stützt, ihren mythologischen Überschwang einbüßt, ihre poetische Farbe verliert und in die prosaische Leier eines Lenin verfällt, heißt nicht, daß sie ihre gnostische Kernstruktur abgelegt hätte. Viele »fortschrittliche Christen« suchten daher den ursprünglichen religiösen Elan der Lehre wiederherzustellen und verstanden nicht recht, warum der Kommunismus als militanter Atheismus auftrat. Dessenungeachtet begrüßten sie seinen praktischen Handlungsansatz, die »Analysemethode«, wie sie sagten, mithin die Theorie als Ganzes. Andere machten sich den kommunistischen Atheismus schließlich durch eine Art umgekehrten »Glaubenssprung« – eine Art höchstes Opfer, das sie der Logik ihrer Überzeugung brachten – zu eigen.

Der Marcionismus, eine Spielart des Gnostizismus, gehört ausschließlich der christlichen Welt an. Er ist ein frühzeitiges historisches Produkt des Auseinanderdividierens von Kirche und Synagoge (Anfang des 2. Jahrhunderts). Marcion zufolge unterscheidet sich der Gott Abrahams, der richtende Schöpfergott, grundsätzlich vom liebenden Erlösergott, als dessen Emanation Jesus auftrat. Deshalb strich Marcion aus dem Schriftenkorpus das gesamte Alte Testament und alle unmittelbar daran anknüpfenden Teile des Neuen Testaments. Er zerriß den Zusammenhang zwischen christlicher und mosaischer Offenbarung und bestritt, daß letztere die historischen Etappen bis zur Ankunft des Messias beschreibt. Für den marcionitischen Messias hat die alttestamentliche Prophezeiung jede Beweiskraft, jeden genealogischen Wert verloren. Seine Legitimität beruht einzig und allein auf der Überzeugungskraft der »Botschaft«, die Marcion aus dem (im übrigen gereinigten) Evangelium extrahiert, sowie auf den Zusätzen der gnostischen Mythologie, die die Botschaft vervollständigen und ihre Ausdeutung anleiten. Dieser Christus bringt eine antikosmische und antinomistische Botschaft, eine andere, erhabene, heroische Moral, die sich von der Überlieferung abwendet und an die Stelle der allgemeingültigen Moral treten soll, wie sie in den alttestamentlichen Geboten niedergelegt ist. Aus diesem Grund sitzen die Gerechten des Alten Testaments, die Diener des Schöpfergottes, laut Marcion in der Hölle. Die Sodomiten jedoch und die Ägypter, die sich dem alten Gesetz nicht gebeugt haben, nimmt der Erlösergott in sein Paradies auf. Die Juden repräsentieren in dieser Häresie eine Gestaltung der vergangenen Welt und der überwundenen Ethik, die ein Werk des bösen Gottes waren.

Gnostizismus und Marcionismus gingen stets Hand in Hand und hörten nie auf, die Einbildungskraft der Menschen zu beschäftigen und das christliche Denken zu verkehren. Obgleich die Großkirche die beiden Häresien bereits in der Stunde ihrer Geburt verurteilte, blieben sie eine stete Versuchung, die durch die Jahrhunderte – und nie so stark wie in unserem eigenen – immer wieder auflebte. Sie bildeten den Schwachpunkt der christlichen Lehre, einen Riß im Boden des Glaubens, der es so vielen Christen erlaubte, zum politischen Gnostizismus des Kommunismus und zum rasenden Marcionismus des Nationalsozialismus überzulaufen.

Die seit alters her bestehende Verquickung von Gnostizismus und Marcionismus stellt einen weiteren Berührungspunkt zwischen Nationalsozialismus und Kommunismus dar.

Im kommunistischen Gnostizismus tritt das historistische Schema offen an die Stelle des biblischen Sinns der Geschichte, und die Ablehnung trifft sowohl den Schöpfergott als auch den Erlösergott: Ersterer wird durch die Naturgeschichte der Menschheit ersetzt, letzterer durch das bewußte Handeln der Partei. Der Angriff auf die christliche Kirche ließ daher nicht auf sich warten. Innerhalb weniger Jahre zählte sie mehr Märtyrer als in den Jahrhunderten seit ihrer Entstehung. Doch da der Kommunismus allen Göttern und allen Religionen gleichermaßen feind war, attackierte er auch die Synagoge, ja die Idee der

Glaubensgemeinschaft überhaupt. Ende der dreißiger Jahre löste kruder Antisemitismus den anfänglichen Antijudaismus ab. Nach 1945 war es verboten, die Juden aus der Gruppe der »Opfer des Faschismus« herauszuheben, die Shoah auch nur zu erwähnen, den Zionismus als eigenständige Nationalbewegung anzuerkennen. Der Kommunismus ist eine eifernde Ideologie und duldet »keine anderen Götter neben sich«.

Der Nationalsozialismus konzentrierte sich auf die marcionitische Version des Gnostizismus. Er akzeptierte einstweilen und formell ein »deutsches« Christentum, das einen anderen Gott anbetete als den Gott Abrahams, und verfolgte die Christen, die ihrem Glauben treu blieben. Er suchte Versatzstücke aus der Esoterik und dem Okkultismus der Jahrhundertwende in sich aufzunehmen und machte Anstalten, die alten deutschen Götter wiederzubeleben – eine neopagane Imitation, die die Ehrwürdigkeit und Schönheit der germanischen Mythologie beleidigt, welche in mancher Hinsicht an die Mythologie Homers erinnert. Da der Haß des kommunistischen ebenso wie des nationalsozialistischen Heilssystems Juden und Christen gleichermaßen trifft, bleibt schwer zu sagen, ob sie das Judentum verabscheuten, weil es die Wurzel des Christentums bildet, oder ob sie das Christentum verabscheuten, weil es aus dem Judentum hervorgegangen ist. Ungeachtet der Reihenfolge traf die Verfolgung zuerst die einen, dann die anderen.

Die dritte Häresie, der Millenarismus, fließt in ihren historischen Auswirkungen mit dem Messianismus zusammen. In ihrem Mittelpunkt steht die Erwartung einer geschichtsimmanenten radikalen Veränderung. Der biblische Messianismus erwartete die Ankunft einer königlichen Gestalt, die innerhalb von Israel und zwischen den Nationen einen neuen Bund des Friedens herbeiführt. Der Millenarismus des Urchristentums glaubte, Christus würde auf die Erde zurückkehren, um in seiner Herrlichkeit tausend Jahre lang gemeinsam mit den wiederauferstandenen Gerechten zu regieren. Das 20. Jahrhundert brachte säkulare Versionen dieser Lehren hervor. So fand die messianische Idee Eingang in die extremsten Ausprägungen des Nationalismus: Das deutsche und das russische Volk fungierten als Hoffnungsträger einer schließlichen Erlösung der Menschheitsgeschichte. Der Millenarismus will die Ankunft des Reichs Gottes nicht geduldig abwarten, sondern selbst in die Hand nehmen. Er läßt sich als eine Art auf die Spitze getriebener, kollektivierter und politisierter Pelagianismus verstehen. Die Geschichte der Moderne wurde wiederholt von solchen heroischen Krisen heimgesucht; man denke an die böhmischen Taboriten, die Münsteraner Anabaptisten, den extremistischen Flügel der Englischen Revolution, Sabbatai Zwi. Besonders viel Blut floß, wenn die Protagonisten die Idee Gottes ablegten und die Errichtung eines *regnum hominis* anstrebten. In nahezu allen diesen Krisen traten abtrünnige Juden und Christen in Erscheinung, die das Verhältnis zwischen Judentum und Christentum zusätzlich vergifteten. Von ihrer Religionszugehörigkeit blieb allein gegenseitiger Haß übrig.

KAPITEL 5
DIE ERINNERUNG

Im folgenden möchte ich versuchen, die Erinnerungsarbeit, die sich mit dem Nationalsozialismus und dem Kommunismus beschäftigt, unter hauptsächlich religiösen Gesichtspunkten zu vergleichen. Bisher habe ich die Frage nur unter einem politischen Blickwinkel untersucht. Wegen der schwerwiegenden Bedeutung der beiden Ereignisse fühlt sich jedoch auch das religiöse Bewußtsein angesprochen. Die Positionen sind hier zwar ebenso breit gefächert wie in der politischen Perspektive, eine Deckungsgleichheit beider Spektren ist aber nicht gegeben.

Ich werde mich mit dem Paganismus – darunter verstehe ich all jene Positionen, die sich nicht oder nicht mehr auf den biblischen Stamm beziehen –, dem Judentum und dem Christentum beschäftigen. Es leuchtet unmittelbar ein, daß innerhalb dieser Kategorien Platz ist für recht unterschiedliche, ja gegensätzliche Haltungen.

DAS »PAGANE« VERGESSEN DES KOMMUNISMUS

Nehmen wir zum Beispiel China. Die eng ineinander verwobene philosophische und religiöse Überlieferung spannt einen unpersönlichen Kosmos auf, in dem normalerweise und idealerweise Harmonie herrscht, bisweilen jedoch auch Unordnung und Chaos hereinbrechen. Die Geschichte Chinas ist, mehr noch als die europäische Geschichte, von ungeheuer heftigen Erschütterungen begleitet, in deren Verlauf die Bevölkerung mitunter um die Hälfte schrumpfte. Noch im 19. Jahrhundert kosteten die direkten und indirekten Auswirkungen der Taiping-Revolte 70 Millionen Chinesen das Leben – eine Katastrophe gleichen Ausmaßes wie die der Mao-Jahre. Im einen wie im anderen Fall versank die chinesische Gesellschaftsordnung in einem bodenlosen Chaos, und beide Male waren ein charismatischer Führer und eine fanatisierte Partei dafür verantwortlich, deren synkretistische Lehre fremde Versatzstücke aufwies: christliche Elemente zur Zeit der Taiping, marxistische zur Zeit Maos.

Das chinesische Bewußtsein stellt diese historischen und politischen Katastrophen in eine Reihe mit den Naturkatastrophen – Überschwemmungen, Erdbeben, Mißernten –, die die chinesische Erde launisch heimsuchen. Man hat den Eindruck – den vielleicht oberflächlichen Eindruck des fernen Beobachters –, daß, sobald die Lage sich bessert, die Bäuche sich füllen, die Lust am Leben zurückkehrt und Unternehmungsgeist und Bereicherungstrieb ein neues Betätigungsfeld finden, das soziale Gewebe auf gleichsam biologische Weise vernarbt und die wiedererlangte Dynamik des Lebens jede Erinnerungsarbeit überflüssig erscheinen läßt. Zudem kontrolliert das formal noch immer kommunistische Regime weiterhin alle Informationen über die Vergangenheit. Von fern betrachtet, möchte man meinen, daß der diesseits und jenseits aller Störungen garantierte Fortbestand des Kosmos den Sinn für Geschichte einschläfert und der Chronik das Gepräge eines Wetterberichts verleiht.

DAS CHRISTLICHE VERGESSEN DES KOMMUNISMUS

Betrachtet man den Ausgang des kommunistischen Abenteuers, so hätte die christliche Welt eigentlich allen Grund, sich angesprochen, ja verantwortlich zu fühlen. Sie war es schließlich, die die Idee hervorgebracht hatte, die Geschichte habe einen Sinn und strebe einem Zustand universellen Heils zu, und sie war es, in der sich die Erwartung einer endgültigen Befreiung, einer allgemeinen Reinigung, eines Triumphs des Guten zugespitzt hatte. Nie zuvor hatte die Verderbung dieser Ideen ein solches Ausmaß an Ungerechtigkeit gezeitigt, und nie zuvor war die Erde so sehr von Sünde erfüllt gewesen. Zur Reflexion bestand also Grund genug. Doch die christliche Welt vergaß nicht nur, sie betrachtete dies Vergessen auf Geheiß ihrer Hirten obendrein als frommes Werk.

Genau besehen, reagierte die Masse der Christen – oder vielmehr Post-Christen – wie die Masse der »Heiden«, denn sie hoben sich von diesen nur wenig ab, und ihr Taufgelübde war seit jeher kaum mehr als ein Lippenbekenntnis. Der Kommunismus währte so lange, daß sie ihn als eine Art Eiszeit, eine Reihe außergewöhnlich kalter Winter wahrnahmen. Als das Klima sich wieder erwärmte, dachten sie nicht mehr an ihn und gingen unter der Sonne erneut ihren alltäglichen Beschäftigungen nach. Und doch gibt es auch ein dem Christentum eigentümliches Vergessen oder vielmehr zwei gegensätzliche Arten dieses Vergessens und diese wollen wir im folgenden betrachten.

Vergessen wurzelt im ureigensten Grundstock des christlichen Glaubens, namentlich in der christlichen Auffassung vom Bösen und von der Sünde. Auf der einen Seite wird den Christen beigebracht, daß sie Sünder sind, daß die Erbsünde und die persönlichen Sünden neben dem Guten von Anbeginn und heute mehr denn je im Leben eines jeden Menschen präsent sind. Die Christen leiten sich vom Kreuz Christi her, von einer Geschichte, in der alle Menschen gemeinsam das größtmögliche Böse verübt haben, indem sie den einzigen vollkommen Unschuldigen töteten, eine Geschichte, in der zwischen einem Freitag und einem Sonntag das Wort Gottes selbst besiegt ward. Auf der anderen Seite ist den Menschen aber aufgrund eben dieser Geschichte vergeben, sind sie mit Gott versöhnt, obgleich sie stets von neuem sündigen werden. Aufgrund dieser Vertrautheit mit dem Bösen wie mit dem Guten wundert den Christen weder das eine noch das andere; er erwartet die Sünde ebenso wie die Vergebung. Nie kann er so sehr fehlen, als daß ihm, so er sich reuig zeigt, nicht vergeben würde. In diesem Fall folgt der Vergebung normalerweise das Vergessen.

Neben oder anstelle dieses tugendhaften Vergessens besteht aber auch die Möglichkeit einer anderen, ganz und gar nicht tugendhaften Art des Vergessens. Im Normalfall ist die Vergebung nur dann gültig, wenn der Sünder Gott und das Opfer um Vergebung bittet, wenn er seine Verfehlung eingesteht und die Bitte um Vergebung ausspricht. Sind diese Voraussetzungen nicht erfüllt, so kann es durchaus sein, daß die Vergebung, falls sie einseitig gewährt wird, null und nichtig ist und eine Verfehlung mehr darstellt. Das Motiv zu dieser allzu einfachen Art von Vergebung kann in moralischer Überheblichkeit liegen, die auf Gerechtigkeit wenig Wert legt und sich lieber der eigenen Seelengröße schmeichelt. Der Grund kann schlichte Faulheit sein, die Tatsachen zu untersuchen, oder mangelnde Courage angesichts der Ansprüche, die die Gerechtigkeit stellt. Vielleicht verspürt man einen Widerwillen, die eigene aktive oder passive Komplizenschaft mit anderen zu untersuchen, denen man um so leichter vergibt, als man sich dadurch selbst die Absolution erteilt, ohne seine Schuld eingestehen zu müssen. Eine öffentliche Zeremonie der Reuebekundung mit Blick auf unser Thema ist nicht in Sicht.

Die ungeheuerliche Amnestie, die man dem kommunistischen Verbrechen gewährt, scheint mir auf diese zweite Art des Vergessens zurückzugehen. Obwohl der Kommunismus mehr Märtyrer des Glaubens hervorgebracht hat als irgendeine andere Epoche in der Kirchengeschichte, hat man es mit Erstellung eines Martyrologiums offenkundig nicht sonderlich eilig.

Der Aufstieg des Kommunismus wurde von zahllosen abtrünnigen Christen befördert. Daß diese Apostasie – von den faulen

Kompromissen und der Komplizenschaft unterschiedlicher Schwere zu schweigen – als wirklich schuldhaftes Verhalten betrachtet wird, ist keineswegs gewiß. Im allgemeinen gilt solches Verhalten als läßliche Verirrung, dem die vielfach guten Absichten positiv anzurechnen seien. Der Grund für diese Wahrnehmung liegt schlicht und ergreifend darin, daß sich die Christen noch nicht vollständig gereinigt haben von den kommunistischen Ideen, die sich in ihrem Kopf mit dem humanitären Gedankengut vermischen, das den Kommunismus bei den Gläubigen und dem Klerus gesellschaftsfähig gemacht hat. Im Verborgenen und Unbewußten sind die kommunistischen Ideen via Häresie weiterhin wirkmächtig. Noch heute ist von einem »dritten Weg« zwischen Kapitalismus und Sozialismus die Rede, weil man sich noch immer nicht klargemacht hat, daß bereits die Subsumtion unserer Welt unter den Begriff »Kapitalismus« die Akzeptanz einer dichotomischen Weltsicht der Ideologie bedeutet, von der man sich meilenweit entfernt glaubt. Das Fortbestehen solcher Falten im Denken ist ein weiterer Grund für das Vergessen. In der Tat weiß man in einem Teil der christlichen Welt noch immer nicht recht, woran man sich eigentlich erinnern sollte.

DAS JÜDISCHE VERGESSEN DES KOMMUNISMUS

Die obigen Ausführungen zum christlichen Vergessen treffen auch auf das jüdische Vergessen zu, mit Ausnahme natürlich jener Dinge, die sich auf den Kern des Glaubens beziehen. Der Kommunismus ist keine jüdische Erfindung. Seine Ursprünge lassen sich im Christentum leichter nachzeichnen als im Judentum, das in dieser Hinsicht nur in christliche Fußstapfen trat. Dessenungeachtet schlossen sich dem Kommunismus bereits in dessen Geburtsstunde Mitte des 19. Jahrhunderts auch zahlreiche Juden an. Sie vertraten die neue Lehre mit demselben Eifer und derselben unerschütterlichen Überzeugung wie viele Christen, und wie viele Christen sagten sie sich damit von ihrer Religionsgemeinschaft, ihrer Geschichte und ihrem Glauben los.

Diese Juden spielten im kommunistischen Abenteuer eine wichtige, aber selten die Hauptrolle. Die Mehrheit der in Rußland lebenden Juden folgte der bolschewistischen Partei 1917 nicht. Sie waren Opfer wie alle anderen. Innerhalb der Partei bekleideten sie lange Zeit Führungspositionen, bis sie mit dem Aufstieg des Antisemitismus auf die untergeordneten Ränge verwiesen wurden. Dies hindert nicht, daß Figuren wie Jagoda, Kaganowitsch und viele andere in Rußland und Mittelosteuropa den schrecklichsten Verbrechern unseres Jahrhunderts durchaus das Wasser reichen können. Anlaß zur Erinnerung und zur Reue besteht also auch hier, zumindest sofern man diese abtrünnigen Juden noch immer als Juden betrachtet. Bisher jedoch scheinen Amnesie, Vergessen und ein ruhiges Gewissen ebenso verbreitet zu sein wie in der christlichen Welt.

DIE JÜDISCHE ERINNERUNG AN DEN NATIONALSOZIALISMUS

Eingangs sei ein Sachverhalt hervorgehoben, der nur selten Erwähnung findet. Seit das jüdische Volk mit der Emanzipation Ende des 18. Jahrhunderts die gemeinschaftliche Geschichte des Abendlandes betrat, war es zumindest in Gestalt einiger seiner Mitglieder an allen guten und bösen Unternehmungen der Länder beteiligt, in denen es zu Hause war. An der teils erfreulichen, teils verheerenden Geschichte des Denkens ebenso wie des politischen, sozialen und wirtschaftlichen Lebens wirkten immer auch Juden mit. Nicht jedoch am Nationalsozialismus, *per definitionem*. In dieser Unternehmung, die sich wie keine andere in unserem Jahrhundert – mit Ausnahme vielleicht des Kommunismus – dem Bösen verschrieben hatte, waren die Juden Opfer, nicht schuldig. Die Propheten des Alten Testaments hätten diesen Umstand als große Gnade ausgelegt, denn sie lehrten, daß der Tod einer solchen Sünde vorzuziehen sei. Die Juden waren der nationalsozialistischen Versuchung, der so viele andere unter den »Nationen« erlagen, mithin nicht ausgesetzt. Insofern fühlen sie sich zu Recht unschuldig und außen vor.

Die jüdische Erinnerung an den Nationalsozialismus ist durch zwei äußere Faktoren überdeterminiert. Da sich der Nationalsozialismus als erklärter Feind der Demokratie darstellte – während sich der Kommunismus als deren Vollendung präsentierte –, bestimmte sich das Selbstverständnis der demokratischen Bewegung, die nach ihrem Neubeginn im Jahre 1945 an Dynamik und Breite gewann, in negativer Abgrenzung zum Nationalsozialismus. Und da letzterer überdies zur extremen Rechten gezählt wurde, diente er der Linken als Kontrastfigur des eigenen Beginnens. In Frankreich, wo während der deutschen Besatzung viele Menschen Kompromisse eingegangen waren und sich mitschuldig gemacht hatten, wo während des Krieges ein faschistisches Regime an die Macht gelangt war, lag es daher ganz im Interesse der Linken, sich zum alleinigen Sachwalter jenes »Antifaschismus« zu stilisieren, den sie – dem kommunistischen Küchenlatein folgend – umstandslos mit Antinationalsozialismus gleichsetzte. Und genau deshalb mußte der Linken daran gelegen sein, die jüdische Öffentlichkeit durch ständigen Appell an die jüdische Erinnerung für sich einzunehmen, so daß sich die jüdische Öffentlichkeit plötzlich auf einem Terrain wiederfand, das eher die Interessen der Linken als die der jüdischen Gemeinschaft widerspiegelte.

Mit gutem Recht reagiert die jüdische Gemeinschaft alarmiert auf Denkströmungen, die eine unmittelbare Beleidigung der jüdischen Erinnerung darstellen. Die Extremform bildet hier der »Negationismus«, der die Vernichtung des europäischen Judentums leugnet. Die Parole von der »Auschwitz-Lüge« spottet der Wahrheit und dem historischen Gemeinverstand in einer Weise, daß sie nur bei wenigen Individuen bar jeder geistigen Autorität Unterstützung findet. Unerfreulicherweise ist die Verbreitung dieser »Thesen« in Frankreich durch ein Gesetz verboten, das überdies mit den Stimmen der Kommunistischen Partei verabschiedet wurde. Eine Frage historischer Wahrheit darf nicht per Gesetz aus der öffentlichen Diskussion verbannt werden. Damit liefert man denen, die deutlichst erwiesene Tatsachen in Abrede stellen, einen Vorwand, sich zu beklagen und zu ihren Gunsten auszuschlachten, daß man ihnen die Gedankenfreiheit entziehe. So entgehen sie der Schande, die im Lichte dieser Freiheit offen zutage träte.

Die Banalisierung der Shoah verursacht zusätzlichen Schmerz. Das Wort »Genozid« wird im gängigen Sprachgebrauch über alle Maßen strapaziert. Man bezieht es auf alle möglichen, mehr oder weniger gravierenden Schikanen und bald schon auf das Niedermetzeln von Robbenbabys und den Walfang.

Seit die Menschen zahlreich genug sind, um sich zu bekämpfen, massakrieren sie einander. Die Kriegsgesetze der Antike sahen die Tötung aller Männer im kampffähigen Alter sowie die Versklavung der Frauen und Kinder vor. Nach heutigem Sprachgebrauch sind der Trojanische Krieg und die Punischen Kriege Fälle von Genozid. Euripides schildert in den *Troerinnen* einen Genozid, ebenso Thukydides in seinem Bericht über die Bestrafung der Melier. Der frühmittelalterliche *Drang nach Osten** hat zwischen Elbe und Oder mehrere slawische und baltische Völkerschaften ausgelöscht. In Afrika verursachen Stammeskriege nun, da anstelle von Wurfspießen moderne Waffen zum Einsatz kommen, innerhalb weniger Monate eine Million Tote. Wer erinnert sich noch an die Skythen, die Sarmaten, die Awaren, die Petschenegen, die Chasaren, Völker, die ebenfalls ihre Glanzzeit hatten und heute bis auf den letzten Angehörigen ausgelöscht sind?

* Deutsch im Original. (*AdÜ*)

Aber ein Massaker ist kein Genozid. Juristisch versteht man unter einem Genozid »die systematische Vernichtung einer ethnischen Gruppe«, wie es in einem internationalen Übereinkommen heißt. Eine schiefe Definition, wenn man bedenkt, daß damit nicht wenige Massaker, auch die eben genannten, als Genozid gelten müßten, während die Shoah außen vor bliebe, sofern man die Juden nicht, den Nationalsozialisten folgend, als »ethnische Gruppe« betrachtet.

Um im Rahmen der positiven Geschichtsschreibung und in den Grenzen des 20. Jahrhunderts zu bleiben, schlage ich als Konvention vor, daß ein Genozid im eigentlichen Sinn und im Unterschied zum bloßen Massaker folgendem Kriterium zu genügen hat: Die Tötung muß durch eine Ideologie motiviert sein, die das Ziel verfolgt, einen Teil der Menschheit auszulöschen, um ihr Verständnis des moralisch Guten durchzusetzen. Der Vernichtungsplan muß sich auf die gesamte Gruppe beziehen, auch wenn er aus materiellen oder politischen Gründen nicht bis zum Ende durchgeführt werden kann. Als einziger bekannter Präzedenzfall käme hier die Vendée in Frage, deren Bevölkerung laut Befehl des Konvents in ihrer Gesamtheit »vernichtet« werden sollte. Carrier schrieb: »Aus Gründen der Menschlichkeit säubere ich die Erde der Freiheit von diesen Ungeheuern.« Faktisch wurde im Gebiet der Vernichtung gut ein Viertel der Bevölkerung ausgelöscht, was den Leistungen des 20. Jahrhunderts schon recht nahe kommt.

In Anwendung dieses Kriteriums kommt zunächst der nationalsozialistische Genozid an den Juden, den Sinti und Roma in Frage. Diesem »reinen« Genozid könnte man noch den Genozid an den Behinderten hinzufügen, derer sich Hitler am Vorabend des Krieges entledigte. Des weiteren würde ich nennen: den Genozid an den Ukrainern in den Jahren 1932/1933, der dem Genozid in der Vendée insofern ähnelt, als er erst begann, nachdem die Bauern jeden Widerstand bereits aufgegeben hatten, und abgebrochen wurde, als man das politische Ziel für erreicht hielt. Und schließlich wären da noch der Genozid an den Armeniern im Jahre 1915 sowie der Genozid in Kambodscha. All diese Genozide wurden sorgfältig geplant und geheimgehalten. Die Geheimhaltung hat die militärische Niederlage beziehungsweise den Sturz der verantwortlichen Regime nicht überlebt. Mit Blick auf den Genozid an den Ukrainern wurde die Geheimhaltung allerdings nur auf vertraulicher Basis aufgehoben, und von einer soliden Dokumentation sind wir bis heute weit entfernt. Nach allgemeinen Schätzungen belief sich die Zahl der Toten auf 5-7 Millionen. Es besteht Grund zu der Annahme, daß es noch weitere Genozide gab, von denen wir nichts erfahren haben.

Der Genozid an den Armeniern erinnert, so unstrittig er sein mag, in mancher Hinsicht noch an das »klassische« Massaker. Die Jungtürken beabsichtigten, ihr Land nach jakobinischem Vorbild zur Nation zu konstituieren, und schickten, um die Einheit zu verwirklichen, die Baschi-Bozuk, ein altes Rezept aus der Zeit des Osmanischen Reichs, das gegen die Armenier bereits mehrmals angewandt worden war, insbesondere im Jahr 1895. Dieses Rezept, das auch die Japaner in China befolgten, beerbte die unerbittlichen Regeln des antiken Kriegs. Die Genozide an den Ukrainern und an den Juden hingegen beruhten einzig und allein auf einem ideologischen Projekt, und insofern gehören sie zur selben Gattung. Die Kommunisten wollten ihre Kontrolle ausweiten und vervollkommnen, und zu diesem Zweck mußten sie den Widerstand brechen, den das Nationalgefühl und die bloße Existenz der ukrainischen Nation darstellten. Sobald dieses Ziel erreicht war, war es für das Gesamtprojekt weder notwendig noch wünschenswert, auch die übrige Bevölkerung zu »liquidieren«. Kurz vor seinem Tod sann Stalin über eine Wiederaufnahme der Operation nach. Das nationalsozialistische Projekt der Rassereinheit implizierte die Tötung ausnahmslos aller Juden. Insofern ähnelt es den traditionellen Massakern, insbesondere dem Massaker-Genozid an den Armeniern mit seinen Pyramiden von Frauen- und Kinderleichen und in neuerer Zeit dem Hutu-Massaker an den Tutsi. Gleichwohl gibt es einen Unterschied.

In der Tat ist sich die überwiegende Mehrheit nicht nur der Juden bewußt, daß sich das, was den Juden widerfuhr, auf irreduzible Weise unterscheidet von dem, was anderen Völkern widerfahren ist. Dieses unausrottbare, aber dunkle Bewußtsein ist Quelle einer ständig bohrenden Frage, auf die es keine einheitliche Antwort gibt.

Seit Raymond Aron, Boris Souvarine und Hannah Arendt haben zahlreiche jüdische Denker, und nicht die geringsten, diese beiden grauenvollen Ereignisse unseres Jahrhunderts mit Gleichmut untersucht und unparteiisch beurteilt. Anne Applebaum weist in einem neueren, feinfühligen Beitrag[1] von vornherein die Ansicht zurück, die Juden hätten in ihrer Selbstsucht nur ihren eigenen Schmerz vor Augen und begegneten dem der anderen Opfergruppen mit Gleichgültigkeit. Annie Kriegel hat daran erinnert, daß manche Juden mit Blick auf den Stalinismus durchaus schlecht beraten wären, allzusehr die Legende ihrer »grundsätzlichen Unschuld als Opfer«[2] zu kultivieren.

Ich glaube jedoch nicht, daß der Gerechtigkeitssinn der genannten Autoren ihr Gefühl ausgelöscht hat, daß es hier einen Unterschied gibt. Damit dieses Gefühl völlig verschwindet, muß man den »assimilationistischen« Weg bis zum Ende gehen. Überdruß am Judentum und der gewiß verständliche Wunsch, die Schwierigkeiten loszuwerden, die mit dieser Zugehörigkeit verknüpft sind, begleiten diesen Standpunkt. Im Zusammenhang

1 Anne Applebaum, »A death of feeling«, in: *New Criterion* 115 (2), New York, Oktober 1996.

2 Annie Kriegel, »L'antisémitisme de Staline«, in: *Les Nouveaux Cahiers* 120 (1995), S. 55.

integraler Säkularisierung ist es in der Tat schwierig, irgendein Fundament für die Zugehörigkeit zum Judentum anzugeben. Wer sich in keiner Weise mehr an die vielfältigen Vorschriften der Thora gebunden fühlt, fragt sich, warum er sein ganzes Leben hinter diesem »Zaun« verbringen soll. Und wer dem Appell des Zionismus nicht folgt, sich andererseits aber über die Verheerungen im klaren ist, die der Nationalismus seit 200 Jahren anrichtet, wird sich fragen, warum er überhaupt eine nationale Zugehörigkeit für sich in Anspruch nehmen soll. Und dennoch, wenn die Geschichte uns im positiven Sinn des Wortes etwas lehrt, dann dies, daß die jüdische Identität, selbst wenn man nicht mehr zu sagen weiß, worin ihre Legitimität *de jure* bestehen soll, *de facto* auf den merkwürdigsten Wegen weiterhin existiert. Nichts konnte dieses Merkmal bisher auslöschen, auch nicht die Anstrengungen derer, die es trugen, aber nicht mehr tragen wollten. Ob man will oder nicht, das Menschengeschlecht zerfällt nach wie vor in Juden und Nichtjuden.

Eine andere Sichtweise ist zumindest in Frankreich leider weit verbreitet. Sie schreibt der Shoah absolute Einzigartigkeit zu und weist jeden Versuch eines Vergleichs mit anderen geschichtlichen Ereignissen entrüstet zurück, als handele es sich um eine Schändung. Dabei bezieht sich diese Definition der Einzigartigkeit allein auf die materiellen Umstände – die Gaskammern, den industriellen Charakter der Vernichtung, die Vernichtung von Kindern, das Projekt, ein ganzes Volk auszurotten –, während die metaphysischen oder genauer: die religiösen Gründe keine Berücksichtigung finden. Die materiellen Umstände sind in der Tat beispiellos, und insofern ist die Judenvernichtung ein historisch einzigartiger Vorgang. Für sich betrachtet, ist jedoch jedes geschichtliche Ereignis einzigartig und unwiederholbar. Manche Charakteristika der Judenvernichtung finden sich in vergleichbar grauenvoller Ausprägung auch in anderen zeitgeschichtlichen Massenvernichtungen, andere hingegen nicht, und einige Merkmale, die sich bei letzteren feststellen lassen, fehlen wiederum der Shoah. Alle Massenvernichtungen sind einzigartig, wie für jede Mutter der Tod ihres Kindes einzigartig ist; aber alle Kinder, die sterben, haben auch eine Mutter.

Das Unangenehme an dieser Sicht der Judenvernichtung ist vor allem, daß sie eine falsche Vorstellung vom Judentum vermittelt, als wäre – anders, als Bibel und Talmud lehren – nicht jedes Leben gleich viel wert, als stünden kategorial gleiche Verbrechen nicht auf derselben Stufe. Es entsteht der Eindruck, die Juden würden mit zweierlei Maß messen, sie würden in das Geschichtsbewußtsein eine Art »Konkurrenz der Opfer« einführen, in der bei aller Gleichheit der Opfergruppen eine indes »gleicher« sei als die anderen. Daß eine solche Sichtweise bei anderen Völkern, die ebensosehr, wenn auch auf andere Weise gelitten haben, zu Irritationen führen kann, liegt auf der Hand. Sie könnten sich die Worte Shylocks zu eigen machen und mit ihm protestieren: Haben nicht auch wir Sinne und Leidenschaften wie ihr? Bluten wir nicht, wenn man uns verletzt? Sterben wir nicht, wenn man uns tötet? Sind nicht auch wir Menschen? »Fed with the same food, hurt with the same weapons [...], warmed and cooled by the same winter and summer [...].«

Dazu also würde es führen, wenn man das Religiöse außer acht ließe: Man würde den Eindruck vermitteln, daß materielle Umstände oder moralische Gaben einen *Wesensunterschied* zwischen Juden und Nichtjuden begründen. Damit aber verortet man das Auserwählt- und Bevorzugtsein dort, wo es nicht ist, wo es keine anerkannte Legitimität besitzen kann, und man verkennt die Wahrheit dieses Auserwählt- und Bevorzugtseins dort, wo sie zu finden ist, als grundlose und in der Tat einzigartige Frucht des Bundes mit jenem Gott, von dem allein dies Auserwähltsein abhängt, wie es die jüdische Religion seit jeher lehrt.

Diese Legitimität wird außerhalb des Judentums im Prinzip anerkannt, auch vom Christentum, das ungeachtet mancher

Irrwege das ihm zeitlich vorhergehende Alte Testament stets als gültige, normative Grundlage akzeptiert hat. Wenn nun eine gewisse Denkströmung das Judentum außerhalb der besonderen Beziehung konstruieren will, die dieses Volk mit dem Gott Abrahams und Mose unterhält, welchen Sinn könnte die nichtjüdische Welt dann noch mit der Shoah verbinden, von der eben jene Denkströmung behauptet, sie habe keinen Sinn und sei reine Negativität? Von außen betrachtet, würde sie einer merkwürdigen Dublette des Christentums ähneln, nur daß der Tod des oder der Unschuldigen, für den in gewisser Weise die gesamte Menschheit die Verantwortung trägt, nun nicht mehr Erlösung und Versöhnung verheißt. Eine negative Tatsache, die denkbar negativste Tatsache überhaupt, ein absolutes Übel ins Zentrum des Bewußtseins zu rücken, ohne den schließlichen Sieg des Guten zu setzen heißt, das Bewußtsein einem quälenden, untröstlichen Schmerz ausliefern, der der ganzen Welt gegenüber auf Rache sinnt, weil sie – um in der Analogie mit Christus zu bleiben – insgesamt schuldig ist.

Auch entfernt sich diese Sichtweise von der besonderen Bestimmung Israels, im Dienst der gemeinsamen Menschheit Priesterfunktionen wahrzunehmen. Nach einer jüdischen Überlieferung ist die Anwesenheit der Juden unter den Nationen für letztere ein Segen. Wie aber, wenn diese Anwesenheit mit einer universellen Anklage einhergeht?

Aus welchen Gründen veranstaltet diese Denkströmung, die zweifellos weniger repräsentativ ist, als sie gern behauptet, gerade in Frankreich den meisten Lärm? Napoleon verlieh den Juden als Glaubensgemeinschaft einen zivilrechtlichen Status, verweigerte ihnen jedoch einen besonderen bürgerrechtlichen Status. In einem Teil des französischen Judentums, das sich von der Religion zwar losgesagt, ungeachtet ihrer Quasi-Assimilation und bei allem Patriotismus jedoch den Instinkt der »Andersartigkeit« bewahrt hat, ist die Versuchung groß, diese »Andersartigkeit« mit der mörderischen Ungerechtigkeit zu verknüpfen, der die Juden seitens der Nationalsozialisten zum Opfer fielen, mit der Verletzung ihrer Rechte und ihrer Verfolgung durch das Vichy-Regime – eine Assoziation, die immer weitere Kreise zog und die Anklage der Komplizenschaft schließlich ins Schrankenlose ausweitete.

Zusätzliche Nahrung erhält diese Versuchung durch das laizistische Großklima unter den französischen Intellektuellen. Sie haben die Theologie aus den Augen verloren und betrachten die Bibel ebenso wie das Volk, das sie hervorgebracht hat, als einen Teil unserer *Kultur*, auf einer Ebene mit der griechischen Philosophie und dem römischen Recht. »Das jüdische Volk«, schreibt François Furet in seinem Briefwechsel mit Ernst Nolte, »ist ein untrennbarer Bestandteil der klassischen Antike und des Christentums [...]. Indem die Nazis es martern und zu vernichten suchen, töten sie die europäische Zivilisation.«[3] Das ist zwar völlig richtig, aber selbst für eine säkularisierte Geschichtsschreibung nicht ausreichend. Schließlich hat sich die europäische Kultur aus eigenen Kräften entwickelt: Griechenland war längst untergegangen, Rom gefallen, und das jüdische Volk, dessen heiliges Buch nach eigenem Bekunden nun ausschließlich das Christentum verwaltete, sah sich an den Rand der europäischen Gesellschaft gedrängt. Die eigentliche Frage besteht doch darin, welcher Sinn sich in diesem lange Zeit ausgeschlossenen und doch präsenten, anschließend »eingeschlossenen«, aber »nicht assimilierbaren« Volk verbirgt und welchen Sinn der Angriff hat, dem es zum Opfer fiel. Der kulturtheoretische Ansatz kann das Mysterium Israel ebensowenig ergründen wie das christliche Mysterium. Die glanzvolle historiographische Tradition von Sainte-Beuve über Renan (der sich mit beiden Mysterien beschäftigte) bis hin zu Maurras, die den zivilisatorischen Beitrag

3 *Commentaire* 80 (1997-1998), S. 805.

des Christentums lobend hervorgehoben hat, ging stets davon aus, daß die Frage nach der Wahrheit des Christentums endgültig mit Nein entschieden ist. Man könnte sich fragen, ob Maurras' Entwurf eines Katholizismus ohne christlichen Glauben nicht in jenem devitalisierten Teil des Judentums eine unbewußte Parallele findet, der um so mehr auf seiner Identität beharrt, als er sein lebendiges Herz verloren hat.

Die Geschichte hat immer wieder gezeigt, daß die verschiedenen Bevölkerungsschichten desto antisemitischer waren, je weniger sie über die Grundsätze ihrer eigenen Religion Bescheid wußten. Der gute Sancho Pansa faßte sein Glaubenbekenntnis in zwei Punkten zusammen: Er bete die Jungfrau Maria an und verabscheue die Juden. Doch erst als der wie immer verstümmelte Glaube verschwunden war, der bislang immerhin bremsend wirkte, entfaltete sich der Antisemitismus in seiner ganzen Scheußlichkeit. Die antisemitische Vorkriegsliteratur kennt den guten Juden nicht mehr: Noch der sympathischste, tugendhafteste Jude trägt als Feind des christlichen Volks ein zerstörerisches Virus in sich. Die gesamte europäische Geschichte wird unter dem Blickwinkel einer angeblichen jüdischen Weltverschwörung umgeschrieben. Nun waren in den Jahren des Papon-Prozesses Äußerungen zu hören, die den Eindruck erweckten, der Antisemitismus sei in der Umgebung von de Gaulle genauso virulent gewesen wie in den Kreisen um Pétain, und überhaupt bilde der Judenhaß die Hauptachse der Geschichte Frankreichs, von Ludwig dem Heiligen bis zur Massenverhaftung am Vel d'Hiv. Ich habe gerade einen Roman gelesen, der offenbar darzulegen sucht, daß es einen »guten Goi« und erst recht einen guten Christen schlechterdings nicht geben könne: Man brauche nur ein wenig an der Fassade zu kratzen, und schon trete der antisemitische Judenhaß, die Keimform der Gaskammern, offen zutage. Diese Ressentiments, die mit umgekehrtem Vorzeichen den Antisemitismus von gestern nachahmen, gehen meines Erachtens aus ähnlichen Bevölkerungsschichten hervor wie letzterer. Auch hier herrscht Unwissen, nicht nur mit Blick auf die andere, sondern auch und gerade mit Blick auf die eigene Religion, und auch hier tritt gereizter Nationalismus an die Stelle des Glaubens – auf die Gefahr hin, wie Alain Finkielkraut geistreich bemerkte, die Öffentlichkeit in »Hitzköpfe und Genervte« zu spalten.

Ich möchte den Vergleich nicht zu weit treiben, er würde schnell ungerecht werden. Objektiv haben die Juden von den Nichtjuden unendlich mehr Leid erfahren als diese von jenen. Das Antichristentum der Juden ist glaubensimmanent weniger unstimmig als der Antijudaismus der Christen, der der christlichen Religion unmittelbar widerspricht. Überdies läßt sich die antichristliche Haltung mancher Juden in gewisser Weise auch dahingehend deuten, daß sie nach hundertjähriger Säkularisierung einen ersten Schritt zur Rückkehr nach Zion wagen. Demnach käme in ihrer leidenschaftlichen Haltung zum Ausdruck, daß sie das wahre Judentum fliehen und dennoch Jude bleiben wollen. Indem sie aber Jude bleiben wollen, finden sie insofern zum wahren Judentum zurück, als sie eine der grundlegendsten Vorschriften des Judentums beachten: die Gemeinde nicht zu verlassen.

Israel sollte allen Juden eine Heimstatt bieten, denjenigen, die dem Gesetz der Thora treu geblieben waren, ebenso wie denjenigen, die sich davon losgesagt hatten, aber in Freiheit und Sicherheit leben wollten. Die grundlegendste Gemeinsamkeit aller aus Europa kommenden Juden bestand darin, daß sie ohne Ausnahme vernichtet werden sollten. Aus diesem Grund berief man sich gegenüber allen mitverantwortlichen Nationen ebenso wie gegenüber den Juden, die sich von der Thora entfernt hatten und die Legitimität der Bibel nicht mehr anerkannten, auf die Shoah als Legitimationsprinzip. Gleichwohl scheint eine »Religion der Shoah« nicht geeignet, die biblische Religion zu ersetzen oder sich mit ihr zu vermischen, es sei denn um den Preis der Götzenanbetung und einer Verschlimmerung der Feindschaft zwischen den Juden und den Nationen, eine Feindschaft, wie sie die Barriere der Thora nicht gebietet.

Eine dritte Weise des Nachdenkens über die Shoah besteht in einer vertieften Reflexion über das Band, das das jüdische Volk mit dem Gott seiner Vorväter verbindet. Eine Glaubensüberzeugung kann man nicht beiseite schieben: Das jüdische Volk hat um Gottes willen gelitten. Dies ist seit dem Alten Bund die Bedeutung und der Preis des Auserwähltseins. Im Angesicht des Nazismus, jenes Konzentrats an Götzendienerei und Blasphemie, hat das jüdische Volk für die Ehre des *Namens* gekämpft und Zeugnis abgelegt. Gleichwohl sprengt der Skandal, den dieses Ereignis bedeutet, ebenso wie die Schwierigkeit, es theologisch zu denken, jedes Maß.

Das jüdische Volk existiert nur als Partner eines Bundes mit einem Gott, der sich durch bestimmte Versprechen gebunden hat. »Denn Jehovas Teil ist sein Volk, Jakob die Schnur seines Erbteils. Er fand ihn im Lande der Wüste und in der Öde, dem Geheul der Wildnis; er umgab ihn, gab acht auf ihn, er behütete ihn wie seinen Augapfel. Wie der Adler ausführt seine Jungen und über ihnen schwebt, so breitete er seine Fittiche aus und nahm ihn auf seinen Flügeln; so leitete ihn Jehova allein, und kein fremder Gott war mit ihm« (5. Buch Mose, 32:9-12). Die Bibel enthält eine Fülle solcher Passagen. Doch gerade der Teil des jüdischen Volks, der mit größter Inbrunst an Jehovas Versprechen glaubte – die gottesfürchtigen Gemeinden Mitteleuropas – hatte die Hauptlast der Katastrophe zu tragen. Am meisten verschont blieben hingegen die relativ Ungläubigen, die gegen den Widerstand der meisten Rabbiner vor dem Krieg gewagt hatten, die zionistische Utopie ins Auge zu fassen und zu verwirklichen, sowie jene absolut Ungläubigen, die die nationalsozialistische Maschinerie während des Krieges im Rahmen des fanatischsten Kommunismus wirksam bekämpften.

Die christliche Vertrautheit mit dem Bösen, die Anerkennung seiner Permanenz und ständigen Wiederkehr, ist dem Judentum unbekannt. Das Dogma der Erbsünde, wie Paulus es formulierte, findet bei den Weisen Israels keine Zustimmung. Nicht akzeptiert wird folglich auch die Dialektik von Sünde und Gnade, der mögliche Sieg des Bösen und der – in der Hoffnung – gewisse Sieg des Guten. Der jüdische Verfasser der sogenannten syrischen Baruch-Apokalypse lehnt sie ausdrücklich ab: »Adam war für sich selbst Ursache, und jeder von uns ist der Adam seines eigenen Lebens geworden.«[4] Warum also sind gerade die Gerechten untergegangen?

In der Shoah ist jeder für sich allein, als je einzigartige Person gestorben. Wir wissen, daß viele Opfer im Angesicht des »Schweigens Gottes« gebetet, den Glauben behalten oder gar wiedergefunden haben. Viele andere haben ihn verloren. Die theologische Reflexion über die Shoah hat verschiedene Wege eingeschlagen und wird intensiv fortgeführt. Manche Rabbiner sehen eine wesentliche Ähnlichkeit mit den vorherigen Katastrophen, die Israel im Laufe seiner Geschichte ereilten. Andere meditieren über die geheimnisvollen Aporien des Buchs Hiob. Wieder andere vermuten einen untergründigen Zusammenhang mit der Entstehung Israels im Lande der Verheißung. Emil Fackenheim scheint zu einer Theologie des »Todes Gottes« zu neigen. Hans Jonas, der herausragende Kenner der Gnosis, schlägt – ohne viel Überzeugung, wie mir scheint – einen gnostischen Mythos vor: Gott sei ohnmächtig und habe sich aus den Angelegenheiten dieser Welt zurückgezogen. Ein Ende oder ein einheitliches Ergebnis dieser Reflexion ist zwar noch nicht absehbar, doch wie immer das schließliche Resultat aussehen mag, nur durch eine solche theologische Problembearbeitung lassen sich die Widersprüche und Schwierigkeiten überwinden, die die beiden zuvor diskutierten Sichtweisen kennzeichnen,

4 Zit. n. Ephraïm Urbach, *Les Sages d'Israël*, Paris 1996, S. 440.

nur durch sie die Erklärungsansprüche nicht nur des Philosophen und des Theologen, sondern auch des um faktische Vollständigkeit bemühten Historikers befriedigen.

DIE CHRISTLICHE ERINNERUNG AN DEN NATIONALSOZIALISMUS

Während die Reflexion über den Kommunismus das christliche Gewissen nach wie vor nur am Rande interessiert, läßt die Erinnerung an den Nationalsozialismus es nicht mehr los. Die ständige Auseinandersetzung mit dieser bohrenden Frage zeitigte weitreichende Wirkungen.

Hatte sozialistischer Humanitarismus das christliche Gewissen zum Kommunismus prädisponiert, so führte der Weg zum Faschismus – in Deutschland zum Nationalsozialismus – über einen benachbarten Zweig desselben romantischen Stamms: Das organische Gemeinschaftsideal wandelte sich unmerklich zum völkischen Ideal. Der Münchner Kardinal Faulhaber, im übrigen ein hartnäckiger Widersacher Hitlers, ließ sich in einer Predigt im Jahr 1933 unvorsichtigerweise zu der Äußerung hinreißen, die Kirche habe »nichts einzuwenden gegen Bemühungen, die nationalen Eigenheiten eines Volkes so rein wie möglich zu halten und seine nationale Gesinnung durch Unterstreichung der einheitsstiftenden Blutsbande anzuregen«. Er ahnte nicht, welch finsteres Echo seine Worte bald darauf finden würden.

Die christlichen Kirchen Deutschlands widerstanden dem Nationalsozialismus in unterschiedlichem Maße. Eine Minderheit, darunter mehr Protestanten als Katholiken, verschrieben sich voll und ganz der Glaubensbewegung »Deutsche Christen«. Der überwiegende Teil suchte mit bescheidenem Erfolg zu retten, was zu retten war, das Regime zu beschwichtigen und Menschenleben zu schützen. Eine dritte Gruppe – die so klein war, wie es man es unter einem totalitären Regime vernünftigerweise erwarten kann – erhob Protest und leistete unter Lebensgefahr aktiven Widerstand. Einige fanden darin den Tod.

Nach der Zerschlagung des Regimes gab es keine Amnestie. Die Verbrecher kamen vor Gericht und wurden verurteilt. Ganz Deutschland sah sich zu einer gigantischen Gewissenserforschung aufgefordert. Die Deutschen sollten sich von allem lossagen, was in ihrer Geschichte und ihrem Denken das Unheil vorbereitet haben mochte. Dies geschah um den Preis, daß sich die deutsche Seele gewissermaßen von ihrem Urgrund losreißen mußte und ihre schöpferische Kraft einbüßte. Die Art und Weise, wie dieses ruinierte, dezimierte, entzweigerissene, entehrte Volk der Verzweiflung widerstand, seine Strafe akzeptierte und sich wieder an die Arbeit machte, verdient Bewunderung. Daß sich Deutschland nach 1945 so rasch erholte, während in Rußland 1991 eine lange Stagnationsperiode begann, hängt auch damit zusammen, daß Deutschland sich – endlich wieder – in Demut übte, während in Rußland Selbstdünkel regierte.

Der Nationalsozialismus hat viele Christen massakriert, allein in Polen drei Millionen, genauso viele wie Juden. Er war entschlossen, die Kirche zu gegebener Zeit zu vernichten. Gleichwohl ist es eine Tatsache, daß sich die christliche Erinnerungsarbeit bezüglich des Nazismus weder auf das Massaker im allgemeinen noch auf die Verfolgung der Kirche im besonderen konzentrierte, sondern ganz spezifisch auf das Los der Juden und auf die Verantwortung der Kirchen im Ereigniszusammenhang der Endlösung.

Nachdem die katholische Kirche in dieser Hinsicht heftigen Attacken ausgesetzt war, legte sie ihre Argumente dar. Vater Blet S. J., dessen Sachverstand als Historiker weithin bekannt und von den Angehörigen seiner Zunft anerkannt ist, hat diese Argumente, gestützt auf die Archive des Vatikan, in einem kürzlich erschienenen Werk zusammengetragen.[5] Von allen Körper-

5 Pierre Blet, S. J., *Pie XII et la Seconde guerre mondiale d'après les archives du Vatican*, Paris 1997.

schaften im Herrschaftsbereich der Nationalsozialisten habe die Kirche am meisten Juden gerettet: Vater Blet veranschlagt ihre Zahl auf 800 000. Die im März 1937 von Papst Pius XI. erlassene Enzyklika *Mit brennender Sorge* verurteilt den Rassismus und die Vergötterung von Rasse, Blut und Volk mit allem Nachdruck. Man hat Papst Pius XII. sein Schweigen[6] vorgeworfen, doch schwieg er, wie Vater Blet zu bedenken gibt, aus Vorsicht und mit dem Hintergedanken, möglichst effektiv handeln zu können. Er schwieg, um die Nationalsozialisten nicht zu noch mörderischeren Reaktionen zu reizen, wie in den Niederlanden, als die Bischöfe Protest erhoben. Er schwieg, um das kirchliche Gewebe und das diplomatische Netz zu retten, das auf der Grundlage des Konkordats Interventionsmöglichkeiten offenhielt, auch wenn diese Möglichkeiten in Deutschland, im Unterschied zu den noch nicht besetzten Satellitenstaaten wie Ungarn oder die

6 Mitunter brach er das Schweigen. In seiner Radiobotschaft zu Weihnachten 1942 erklärte er: »Dieses Gelöbnis [das Gemeinschaftsleben zum unverrückbaren Mittelpunkt seines Kreislaufes, zum göttlichen Gesetz zurückzuführen und der Persönlichkeit und der in Gott geadelten Gemeinschaft zu dienen] schuldet die Menschheit den Hunderttausenden, die persönlich schuldlos bisweilen nur um ihrer Volkszugehörigkeit oder Abstammung willen dem Tode geweiht oder einer fortschreitenden Verelendung preisgegeben sind« (Pius XII., *Aufbau und Entfaltung des gesellschaftlichen Lebens. Soziale Summe Pius XII.*, hrsg. v. Arthur-Fridolin Utz und Joseph-Fulko Groner, 3 Bde., Fribourg 1954-1961, Bd. 1, S. 111). In einer Ansprache an das Kardinalskollegium am 2. Juni 1943 erklärte Pius XII: »Jedes Wort, das Wir in diesem Anliegen an die zuständigen Behörden richteten, und jede Unserer öffentlichen Kundgebungen mußte von Uns ernstlich abgewogen und abgemessen werden im Interesse der Leidenden selber, um nicht ungewollt ihre Lage noch schwerer und unerträglicher zu gestalten« (ebd., Bd. 2, S. 1913). Der Papst spielt hier auf eine Erklärung des holländischen Episkopats an, in der die Bischöfe die Judenverfolgung scharf verurteilten. Im Gefolge dieser Erklärung führten die Nationalsozialisten unter den Juden Massenverhaftungen durch und belegten die getauften Juden mit Repressalien. Der Papst fügte hinzu, auch der »Stellvertreter [Christi], mochte er auch nur Mitgefühl und aufrichtige Rückkehr zu den einfachen Normen des Rechts und der Menschlichkeit fordern, [stand] bisweilen vor Türen, die kein Schlüssel zu öffnen vermochte« (ebd.).

Slowakei, äußerst begrenzt waren. Er schwieg, um Deutschland gegenüber der sowjetischen Bedrohung, die er auf lange Sicht zu Recht als für die Menschheit gefährlicher betrachtete, nicht systematisch zu schwächen. Und er schwieg auch, weil es für ihn ebenso schwer war wie für die westlichen Alliierten, den wenigen, unglaublichen Informationen Glauben zu schenken, die über das große Geheimnis der Nationalsozialisten durchgesikkert waren. Dieses Plädoyer von Vater Blet, das all unsere Aufmerksamkeit verdient, läßt indes zwei Dinge unberücksichtigt.

Zum einen zeigt sich an der Art des kirchlichen Eintretens für die Juden, daß die Kirche den jüdischen Opfern aus einer *allgemeinen* Pflicht zur Menschenliebe und Barmherzigkeit zu Hilfe eilte. Sie fühlte sich den Juden gegenüber ebenso fremd, wie diese sich ihr gegenüber fremd fühlten, und sie akzeptierte dieses symmetrische Verhältnis. Sie bedachte nicht, daß der Nationalsozialismus, indem er das jüdische Volk angriff, *ipso facto* die lebendige Wurzel des Christentums attackierte, daß der Angriff auf das Judentum und der Angriff auf die Kirche nicht zwei unterschiedliche Verbrechen, zwei Freveltaten darstellten, sondern nur eine, ein und dieselbe. Aus welchen Vor- und Rücksichten das berühmte Schweigen von Pius XII. sich auch motivieren mochte – vielleicht war es gerechtfertigt, wer will das ein halbes Jahrhundert später schon entscheiden –, in jedem Fall erscheint es aufgrund seiner besonderen Tragweite in dramatischeren Farben als das Schweigen der politischen Führer der Alliierten, für die die Juden, auch wenn sie sie beschützen wollten, nur ausländische Staatsbürger waren. Pius XII. betrachtete die Juden nicht, wie später Johannes Paul II., als »ältere Brüder« in dem einen Glauben.

Pius XI. verurteilte den theoretischen Marcionismus in der Enzyklika von 1937 mit aller Entschiedenheit, auch wenn der Papst es nicht für angebracht hielt, die alte Häresie beim Namen zu nennen. Ebensowenig erwähnte er jedoch die Juden, nannte auch sie nicht beim Namen, und dieses Schweigen erscheint mir noch erstaunlicher als das Schweigen seines Nachfolgers, denn Pius XI. konnte sich in Rom noch frei äußern, lebte noch in einem souveränen Staat. Die theoretische Verurteilung des Marcionismus hinderte nicht, daß die Kirche in späteren Jahren in eben diesen Marcionismus abglitt. Genauer gesagt, enthüllte das nationalsozialistische Verbrechen mit Blick auf das Verhältnis zwischen Juden und Christen schlagartig das verborgene, umhüllte Körnchen Marcionismus in der gewöhnlichen Theologie der Kirche. Die Juden galten als fortexistierendes Relikt, als Zeugen des inzwischen hinfälligen, enteigneten *vetus Israel*, dessen Erbe samt und sonders auf *verus Israel* übergegangen war. Die Juden erschienen den Christen im ambivalenten Licht einer archäologischen Erinnerung: Sie haben das Verdienst, die Ankunft Christi vorbereitet zu haben, doch sie machten sich schuldig, weil sie ihn nicht anerkannten und kreuzigten. Aus diesem Grund fühlten sich die Christen nur zu allgemeiner Barmherzigkeit verpflichtet, einer zweideutigen Barmherzigkeit allerdings, verdienten die anderen kirchenfremden Gruppen doch weder jenes Lob noch jenen Tadel. Diese Zweideutigkeit prägte die Haltung der Kirche während des gesamten Krieges und ließ sie bald dem einen, bald dem anderen Extrem zuneigen.

Der zweite Punkt, den Vater Blet nicht anspricht, ist folgender: Durch ihre theologische Entfremdung vom jüdischen Volk verlor die Kirche, oder zumindest ihr Personal, die Fähigkeit, die Lüge der nationalsozialistischen Ideologie *ab ovo* zurückzuweisen.

Der erste Fehler bestand darin, mit dem Hitler-Regime ein Konkordat zu schließen. Ursache hierfür war eine falsche politische Analyse. Die Kirche begriff dieses Regime als eine schlimme Variante autoritärer, despotischer, tyrannischer Regime, wie sie ihr in ihrer jahrhundertelangen Geschichte immer wieder begegnet waren. Sie bemerkte nicht rechtzeitig, daß der Nationalsozialismus etwas absolut Neues war, absolut neu auch im Vergleich zum italienischen Faschismus, mit dem sie legitimerweise ein Konkordat unterzeichnete, weil es ihr vorübergehend einen *modus vivendi* garantierte. Das Konkordat mit dem Deutschen Reich band hingegen nur die Kirche, nicht aber das nationalsozialistische Regime. So übte sich die Kirche in übertriebener Zurückhaltung, aus Angst, sie könnte die letzten Fetzen eines Abkommens verlieren, das die Nationalsozialisten jeden Tag ein wenig mehr zerrissen.

Noch schwerer wog der zweite, durch den ersten bedingte Fehler: Die Kirche fühlte sich genötigt, die Weltsicht der Nationalsozialisten ernst zu nehmen. Die Dokumente der Nuntiaturen erwecken den Eindruck, daß man das »Rassenproblem« und die Unterscheidung in Arier und Nicht-Arier als etwas Reales, Selbstverständliches akzeptierte.

Es gibt hier eine allgemeine Regel. Wenn man es mit einem ideologischen Regime zu tun hat, muß man von Anfang an – und diese Linie ist ohne jede Ausnahme durchzuhalten – diskussionslos zurückweisen, was das Regime an Realitätsbeschreibung vorbringt. Sobald man sich in das Räderwerk hineinbegibt und einräumt, an dieser Beschreibung sei »etwas Wahres dran«, wenn man etwa zugesteht, daß es so etwas wie Arier und Nicht-Arier überhaupt gibt, daß ein »Judenproblem« also durchaus existiert, ist man verloren, und der Wille gehorcht nur noch einem verfälschten Verstand. Denn nun bleibt nichts anderes mehr übrig, als die »Arier« inständig zu bitten, dieses »Problem« auf »humane Weise« zu lösen. Das »Wahre daran«, in dem sich die verführerische Macht der Ideologie konzentriert, ist der eigentliche Ort der Wirklichkeitsfälschung, das Falsche der Ideologie schlechthin. Die Regel gilt für alle Ideologien, insbesondere für die kommunistische. Sobald man als Realitätsbeschreibung anerkannte, daß die Welt in einen sozialistischen und einen kapitalistischen Teil zerfällt, blieb nichts anderes mehr übrig, als die beiden »Lager« anzuflehen, sie mögen sich an allgemeine Moralprinzipien halten, wobei man den Sozialismus vom Prinzip her womöglich als moralisch höherstehend einstufte, weil er die »Ausbeutung« abgeschafft habe.

Das *Nein*, die Verweigerung jeder Diskussion, muß der erste Schritt sein. Ansonsten verliert man den Blick für die logische Fälschung, die im zweiten Schritt erfolgt und die durch ein *also* eingeleitet wird. Der Versailler Vertrag war für Deutschland eine Demütigung, *also* muß man diese oder jene Maßnahme ergreifen, um das Judenproblem zu lösen, *also* ..., bis man nach einigen unmerklichen Gedankenausrutschern schließlich bei der Endlösung angelangt ist. Die Arbeiter werden ausgebeutet, *also* muß man die Revolution machen, *also* ... usw. Man muß das »Wahre daran« fliehen, weil seine scheinbare Wahrheit bereits Teil der wahnsinnigen Systemlogik ist.

Wenn es bei hinreichendem historischen Abstand erlaubt ist, die geistige Widerstandsfähigkeit gegenüber dem Nationalsozialismus und dem Kommunismus zu beurteilen, so möchte man sagen, daß die Widerstandskraft von Christen, die an ihrem Glauben festhielten, der Versuchung nicht erlagen und sich in keiner Weise kompromittierten, eher auf moralischer Redlichkeit denn auf intellektuellem Scharfsinn beruhte. Unter den seltenen Denkern (Orwell, Koestler, Souvarine, Aron), die die ideologischen Regime in ihrer Hochzeit analysierten – sagen wir zwischen 1935 und 1950 –, finden sich nur relativ wenige Christen. Gewiß, ein Maritain, ein Journet, ein Gaston Fessard, ein Karl Barth (letzterer indes nur mit Blick auf den Nationalsozialismus) fanden in ihrer Theologie den sicheren Halt, der ihr Urteilsvermögen schärfte. Allzu zahlreich waren jedoch diejenigen, deren Verstandesgebrauch getrübt wurde durch das reflexartige Einschnappen religiöser Vorstellungen. Ihr Glaube, ihr Sinn für Barmherzigkeit nahmen zwar keinen Schaden, aber jenseits dieser Ebene waren sie wie gelähmt, weil ihre Lehrvorstellungen Unreinheiten aufwiesen, weil sie sich nicht genügend bemühten, das Phänomen geistig zu durchdringen.

Indes, während sich die Gewissenserforschung hinsichtlich des Kommunismus aufgrund der Einschüchterung, die von ihm ausging, um Jahrzehnte verzögerte – sie hat noch immer nicht recht begonnen –, bewirkte die vollständige Niederlage des Nationalsozialismus und die umfassende Bekanntmachung seiner Verbrechen, daß das moralische und theologische Gewissen der Kirche unmittelbar nach Kriegsende begann, sich mit diesem Ereignis auseinanderzusetzen.

Kardinal Ratzinger erklärte vor kurzem (1996): »Es ist wichtig, daß der Holocaust nicht von Christen und nicht im Namen Christi begangen worden ist, sondern von Anti-Christen und auch als Vorstufe der Austilgung des Christentums gedacht gewesen ist.« Doch fügte er sogleich hinzu: »Aber [dieser Umstand] ändert nichts daran, daß getaufte Menschen dafür verantwortlich waren. Auch wenn die SS eine Verbrecherorganisation von Atheisten war und auch wenn kaum gläubige Christen unter ihnen waren, so waren sie immerhin getauft. Der christliche Antisemitismus hatte bis zu einem gewissen Grad den Boden dafür bereitet, das kann man nicht leugnen. [...] Das ist in der Tat ein Anlaß zur beständigen Gewissenserforschung.«[7] Bemerkenswert an der Erklärung des Kardinals ist unter anderem, wie ernst er das Sakrament der Taufe nimmt. Er ist nicht der Auffassung, daß die Distanzierung vom Glauben und von der christlichen Religion die Verbrecher von ihrer Eigenschaft als Christen befreit. Ihre Abtrünnigkeit macht ihre Taufe in keiner Weise ungeschehen, so daß sich die Kirche, der sie bis zu einem gewissen Grad objektiv nach wie vor angehören, mitnichten von ihrer Verantwortung entbunden fühlt. Wenn die Allgemeinheit so pedantisch darauf beharrt, daß ein Jude ein Jude bleibt, auch wenn er sich nicht mehr als solcher versteht (beispielsweise im Kommunismus), so darf sie auch abtrünnige Christen weiterhin als getaufte Mitglieder der Christenheit ansehen.

---

7 Joseph Kardinal Ratzinger, *Salz der Erde*, Stuttgart 1997, S. 267 f.

Mitverantwortlich empfindet sich die Kirche vor allem mit Blick auf ihre Lehre. In einer Verlautbarung des Vatikans von 1998 erkennt sie an, daß der antijüdische Gehalt ihrer ältesten Überlieferung dem rassistischen Antisemitismus, der ihr allerdings fremd ist, den Weg bereitet hat.[8] Damit ist das Problem meiner Ansicht nach richtig formuliert. Die Kirche hat weniger für die Sünden ihrer Mitglieder einzustehen als für die Lehre, die sie ihnen hat angedeihen lassen, denn diese Lehre hat ihre Mitglieder nicht hinreichend gewappnet gegen die bösen Versuchungen der historischen Umstände. Von allen Handlungen der Kirche ist die Lehre diejenige, von der alle anderen abhängen. Menschen wie der Großrabbiner Jacob Kaplan und Jules Isaac haben der Kirche einen unschätzbaren Dienst erwiesen, indem sie sie nachdrücklich aufforderten, ihre Lehre in fragwürdigen Punkten zu überdenken. Die Entwicklung von den Seelisberger Thesen bis zum 2. Vatikanischen Konzil und darüber hinaus zeigt mit all ihren Höhen und Tiefen, daß die Kirche der Anregung nachgekommen ist. Die »Lehre der Verachtung«* gehört der Vergangenheit an.

Doch dabei blieb die Gewissenserforschung nicht stehen. Das Nachdenken über das Verhältnis zu den Juden, welches zunächst nur die Wiederherstellung des Friedens mit einem äußeren Partner bezweckte, vertiefte sich Schritt für Schritt zur Reflexion der Kirche über sich selbst. Die eigene Überlieferung, die eigene Auslegung der Schriften mußte auf den Prüfstand. So entdeckte man, daß im Halbdunkel der ungeklärten Frage, welchen Status die Juden und das Judentum nach der Ankunft des Messias haben, teils falsche, teils unzureichende Lehren sich entwik-

---

8 Päpstliche Kommission für die religiösen Beziehungen zu den Juden, *Wir erinnern: Eine Reflexion über die Shoah*, 16. März 1998 (http://www.stjosef.at/dokumente/shoah-reflexion.htm). Präsident der Kommission war Kardinal Edward Idris Cassidy.

* Anspielung auf das Werk von Jules Isaac, *L'Enseignement du mépris, vérité historique et mythes théologiques*, Paris 1962.

kelt hatten, deren unerträgliche Konsequenzen nun offenbar wurden. Die bisherige Lehre hatte sich im gesamten Erbe der Kirche verzweigt und erforderte eine allgemeine Neubesinnung, die noch längst nicht abgeschlossen ist. Vielleicht wird sie in ein theologisches Ereignis von ebensolcher Tragweite münden wie seinerzeit die Konzilien von Nikaia und Chalkedon.

DIE EINZIGARTIGKEIT DER SHOAH

Die ausgreifenden Argumente und Analysen des vorliegenden Essays waren notwendig – ohne Zweifel aber unzureichend –, um auch nur ansatzweise die eingangs gestellte Frage beantworten zu können, was unter der Einzigartigkeit der Shoah zu verstehen ist.

Die christlich-theologische Erinnerungsarbeit über den Nationalsozialismus mündete natürlich in der Anerkennung des einzigartigen Charakters der Shoah.

Während des Krieges – und sogar danach – gab es Stimmen, die die Katastrophe, der die Juden zum Opfer fielen, als Bestätigung dafür ansahen, daß auf dem »gottesmörderischen« Volk ein Fluch liege. Etwas Widerwärtigeres ist kaum vorstellbar. Als man Israel jedoch nicht mehr die Sünde anlastete, Gott »ermordet« zu haben – eine absurde Anschuldigung, die bereits im Katechismus von Trient widerlegt ist –, rückte eine andere Gestalt in den Vordergrund, die Gestalt des leidenden Knechts im Buch Jesaja, in der die Juden schon immer Israel, die Christen schon immer Christus erblickt hatten. Von nun an wurde diese Parallele zum Ruhm des auserwählten Volks ausgelegt. Überdies ließ sich die Singularität der Shoah nun mit einem einzigen Kriterium rechtfertigen: der singulären Qualität des Opfers. Der theologische Standpunkt zerstreute jede mögliche Verwechslung mit einem bloßen Massaker oder vielmehr: Die Shoah erhielt einen besonderen Platz in den Hekatomben unserer Zeit und wurde mit einer differenten Bedeutung versehen.

Nichts war im Römischen Reich banaler als die Hinrichtung durch Kreuzigen. Nach dem Spartakus-Aufstand war die Via Appia von Rom bis Kampanien von Kreuzen gesäumt. Die Judäischen Kriege unter Titus und Hadrian endeten mit der Errichtung von Tausenden von Kreuzen. Die Juden selbst griffen mitunter auf diese Hinrichtungsart zurück, als sie vorübergehend staatliche Unabhängigkeit erlangten. Nach Flavius Iosephus ließ König Alexander Jannaeus zum Beispiel 800 Juden mitten in Jerusalem kreuzigen. Die beiden Männer, zwischen denen der Messias ans Kreuz genagelt wurde, hatten laut Evangelium länger zu leiden als er; man mußte ihnen die Beine brechen, damit sie vor dem Sabbat starben. Gleichwohl läßt sich das Leiden und Sterben Christi nach christlicher Ansicht nicht mit diesen Routinehinrichtungen vergleichen. Wie schrecklich die Qualen der beiden Männer auch gewesen sein mochten, so geben sie doch keine Vorstellung von der Passion des menschgewordenen Gottes, deren Bedeutung sich allein in bezug auf den göttlichen Schöpfungsplan ermessen läßt. Analog hierzu begründet diese Inkommensurabilität die Sonderstellung des auserwählten Volks, dem der Messias Israels angehörte und das im göttlichen Schöpfungsplan weiterhin als Werkzeug fungiert.

Damit besitzen die Christen mit Blick auf die Shoah ein stimmiges theologisches Interpretationsschema, das sowohl den Juden und deren Gefühl der Differenz als auch den anderen – christlichen und nichtchristlichen – Völkern, die vergleichbare oder ähnliche Schicksalsprüfungen durchlitten haben, Gerechtigkeit widerfahren läßt. Für eine »Konkurrenz der Opfer« ist hier kein Platz. Die Schar derer, die unschuldig zu leiden hatten und deren Gleichrangigkeit weder Einheit noch Trennung bedeutet, umschließt ein Band der Solidarität, dessen theologischer Sinn noch immer der genaueren Bestimmung harrt.

Denn was den Christen als agonischer Augenblick in der langen Arbeit der Erlösung erscheint, stellt sich den Juden selbstverständlich als purer Skandal dar. Manche Juden lehnen die Bezeichnung Holocaust ab, weil sie der Auffassung sind, daß der sinnlose Paroxysmus des Bösen als »Opfer« unzutreffend beschrieben ist, und ziehen statt dessen das neutrale Wort Shoah – »Katastrophe« – vor. Die Christen hingegen könnten die Bezeichnung »Holocaust« durchaus akzeptieren, weil der Holocaust von ihrem Messias eben als Opfer durchlebt und rekapituliert worden ist. Die Verständnisschwierigkeiten zwischen Juden und Christen mit Blick auf dieses Ereignis beruhen daher weder auf einem Mißverständnis noch auf bösem Willen, sondern sie wurzeln in den unterschiedlichen Grundprinzipien des jüdischen und des christlichen Glaubens selbst. Die Christen sind der Ansicht, daß sie, soweit menschliche Erkenntnis reicht, einen Schlüssel zu diesem Ereignis in der Hand haben. Doch dieser Schlüssel gilt eben nur in den Grenzen ihres Glaubens. Die Juden lehnen ihn ab, und die Christen verstehen nicht, warum. So kann die Frage nach der Einzigartigkeit der Shoah keine vollständige, allgemein anerkannte Lösung finden. Als Aufgabe bleibt, diese Unmöglichkeit klar und deutlich zu verstehen und zu akzeptieren.

ANHANG

DAS ERINNERN UND VERGESSEN DES KOMMUNISMUS

VORTRAG AM INSTITUT DE FRANCE
ÖFFENTLICHE JAHRESSITZUNG DER FÜNF AKADEMIEN, 21. OKTOBER 1997

Es herrscht heute – zumindest unter den Mitgliedern des Instituts – weitgehende Einigkeit über den Grad der Konaturalität von bolschewistischem Kommunismus und Nationalsozialismus. Es handelt sich nach der glücklichen Formulierung von Pierre Chaunu um zweieiige Zwillinge. Diese beiden Ideologien haben im 20. Jahrhundert die Macht ergriffen. Ihr Ziel war die Verwirklichung einer vollkommenen Gesellschaft durch Ausrottung des dabei im Wege stehenden bösen Prinzips. Im einen Fall bestand das Übel zunächst im Eigentum und also in den Eigentümern und umfaßte, da es nach deren »Liquidierung als Klasse« fortexistierte, schließlich sämtliche Menschen, die durch den Geist des »Kapitalismus« korrumpiert waren, der sich bis in die kommunistische Partei hinein ausgebreitet hatte. Im anderen Fall wurde das Übel in den »minderwertigen« Rassen verortet, in erster Linie in den Juden. Doch da es auch nach deren Vernichtung fortweste, mußte man es ebenso in den anderen Rassen verfolgen und bis in die »arische Rasse« hinein, deren »Reinheit« unter dem Einfluß dieses Übels litt. Kommunismus und Nationalsozialismus beriefen sich zu ihrer Legitimierung auf die Autorität der Wissenschaft. Sie wollten die Menschheit umerziehen und einen neuen Menschen schaffen.

Beide Ideologien gaben sich als menschenfreundlich aus. Der Nationalsozialismus wollte das Wohl des deutschen Volks und erklärte, der Menschheit durch die Ausrottung der Juden einen Dienst zu erweisen. Der leninistische Kommunismus wollte unmittelbar das Wohl der ganzen Menschheit. Dieser Allgemeinheitsanspruch verschaffte dem Kommunismus einen ungeheuren Vorteil gegenüber dem Nationalsozialismus, dessen Programm nicht exportierbar war. Beide Lehren schlugen »hohe Ideale« vor, die geeignet waren, begeisterte Hingabe zu wecken und heroische Taten zu motivieren, aber sie diktierten auch das Recht und die Pflicht zu töten. Wie Chateaubriand prophetisch schrieb: »Auf dem Grund dieser verschiedenen Systeme liegt, erklärtermaßen oder unausgesprochen, ein heroisches Heilmittel: Dieses Heilmittel heißt Töten.« Und Victor Hugo: »Du kannst diesen Menschen ruhigen Gewissens töten.« Oder ganze Menschengruppen. Was diese Lehren anrichteten, wenn sie an die Macht gelangten, war in diesem Ausmaß geschichtlich bisher unbekannt. Aus diesem Grund gelten Nationalsozialismus und Kommunismus in den Augen Außenstehender als verbrecherische Systeme. Doch sind sie auch gleichermaßen verbrecherisch? Da ich mich mit dem einen wie mit dem anderen beschäftigt habe, da ich um den intensiven Höhepunkt des Verbrechens im Nationalsozialismus (die Gaskammer) ebenso weiß wie um den extensiven Höhepunkt des Verbrechens im Kommunismus (über 60 Mio. Tote) und da mir bekannt ist, wie verderblich die eine wie die andere Ideologie auf die Seelen und Gemüter gewirkt hat, halte ich es für durchaus unangebracht, in diese gefährliche Diskussion einzusteigen, und glaube, daß es auf diese Frage schlicht und entschlossen nur eine Antwort geben kann: »Ja, gleichermaßen verbrecherisch.«

Die eigentliche Frage ist vielmehr folgende: Wie kommt es, daß das geschichtliche Gedächtnis diese beiden Ideologien noch heute so ungleich behandelt, daß es geradezu den Anschein hat, als würde der Kommunismus vergessen. Über die Tatsache dieser Ungleichbehandlung erübrigt sich wohl jede weitere Diskussion. Bereits 1989 empfahl die polnische Opposition, allen voran der Primas der katholischen Kirche, das Gewesene zu vergessen und zu verzeihen. In den meisten Ländern, die aus dem Kommunismus auftauchten, war keine Rede davon, die Verantwortlichen zu bestrafen, die ihre Untertanen über zwei oder drei Generationen hinweg getötet, ruiniert, stumpf gemacht und ihrer Freiheit beraubt haben. Außer in der ehemaligen DDR und in der Tschechischen Republik durften sich die Kommunisten weiterhin am politischen Spiel beteiligen und gelangten hier und da erneut an die Macht. In Rußland wie auch in anderen mittelosteuropäischen Republiken blieb das diplomatische und polizeiliche Personal im Amt. Im Westen wurde diese Amnestie mit Wohlwollen quittiert. Man verglich die Bestätigung der Nomenklatura mit der thermidorianischen Umorientierung der ehemaligen Jakobiner. Seit einiger Zeit sprechen die Medien wieder gern vom »kommunistischen Epos«. Und die gutdokumentierte und analysierte Komintern-Vergangenheit der Kommunistischen Partei Frankreichs hindert in keiner Weise die Anerkennung dieser Partei als Bestandteil der französischen Demokratie.

Die dauerhafte Erinnerung an den Nationalsozialismus, weit entfernt, auch nur im geringsten nachzulassen, scheint vielmehr mit jedem Tag zuzunehmen. Eine umfangreiche Bibliothek wächst Jahr für Jahr um neue Bände. Museen und Ausstellungen halten die Erinnerung an das grauenvolle Verbrechen wach, und dies zu Recht.

Ich habe einmal im Online-Archiv einer großen Abendzeitung nachgesehen und unter der Rubrik »Themen« für den Zeitraum von 1990 bis zum 14. Juni 1997, dem Tag meiner Suchanfrage, einige Stichworte eingeben: Für »Nationalsozialismus« listete die Suchmaschine 480 Verweise auf, für »Stalinismus« 7, für Auschwitz 105, für Kolyma 2, für Magadan 1, für Kuropaty 0, für »Hungersnot in der Ukraine« (5-6 Mio. Tote 1933) 0. Diese Stichprobe hat natürlich nur indikatorischen Wert.

Alfred Grosser hat bei Erscheinen seines Buchs *Verbrechen und Erinnerung*[1] im Jahr 1989 erklärt: »Ich verlange nur, daß man beim Abwägen der Verantwortlichkeiten für vergangene Verbrechen überall dieselben Kriterien anlegt.« Gewiß, nur ist das eben sehr schwierig; und nur als einfacher Historiker und nicht als Richter möchte ich heute versuchen, *sine ira et studio* die Tatsachen zu interpretieren. Ich kann nicht daran denken, das Thema erschöpfend zu behandeln, doch zumindest einige Faktoren kann ich aufzählen.

1. Der Nationalsozialismus ist besser bekannt als der Kommunismus, weil die Alliierten die Leichenberge ans Licht der Öffentlichkeit gebracht und mehrere westeuropäische Völker das Terrorregime unmittelbar erfahren haben. Ich habe vor Studenten oft die Frage gestellt, ob ihnen die organisierte Hungersnot in der Ukraine im Jahr 1933 bekannt sei. Sie hatten noch nie davon gehört. Das nationalsozialistische Verbrechen war hauptsächlich physischer Natur. Es hat seine Opfer und seine Zeugen nicht moralisch kontaminiert, weil man von ihnen nicht verlangte, überzeugte Nationalsozialisten zu werden. Deshalb war das Verbrechen deutlich erkennbar, offenkundig. Die zur industriellen Vernichtung eines bestimmten Teils der Menschheit entworfene Gaskammer ist ein einzigartiges Faktum. Der *Gulag*, die Laogai bleiben in Nebel gehüllt, sind nur schemenhaft wahrnehmbar, nur indirekt bekannt. Mit einer Ausnahme: Kambodscha, dessen Massengräber heute geöffnet werden.

2. Das jüdische Volk hat die Erinnerung an die Shoah auf sich genommen. Es tat dies aus moralischer Verpflichtung, in der Tradition der Erinnerung an eine lange Reihe von Verfolgungen, und es tat dies aus religiöser Verpflichtung, in der Tradition von

[1] Alfred Grosser, *Verbrechen und Erinnerung: der Genozid im Gedächtnis der Völker*, München 1993.

Hiobs Lobpreisung des Herrn und des leidenschaftlichen Dialogs mit ihm, der versprochen hat, sein Volk zu beschützen, mit ihm, der Ungerechtigkeit und Verbrechen bestraft. Die gesamte Menschheit schuldet dem jüdischen Volk Dank für die gottesfürchtige Pflege der Shoah-Archive. Rätsel geben vielmehr andere Völker auf, die vergessen haben – worauf ich gleich zu sprechen komme. Fügen wir hinzu, daß die christliche Welt seit jenem Ereignis ihr Gewissen erforscht und sich durch die unauslöschliche Wunde in ihrem Innersten getroffen fühlt.

3. Das Verstehen des Nationalsozialismus und des Kommunismus bewegt sich im begrifflichen Kraftfeld von links und rechts. Das Phänomen ist vielschichtig. Auf der einen Seite begleitet der Begriff der Linken den sukzessiven Eintritt der sozialen Klassen in das Spiel demokratischer Politik. Dabei bleibt festzuhalten, daß die schrittweise Besserstellung der amerikanischen Arbeiterklasse die sozialistische Idee ausschloß und daß die englische, deutsche, skandinavische und spanische Arbeiterklasse bei allem Machtzugewinn die kommunistische Idee mehrheitlich ablehnte. Nur in Frankreich, in der Tschechoslowakei kurz nach dem Krieg und später auch in Italien konnte der Kommunismus Deckungsgleichheit mit der Arbeiterklasse für sich in Anspruch nehmen und sich damit zu einem anerkannten Bestandteil der Linken entwickeln. Fügen wir mit Blick auf Frankreich hinzu, daß Historiker wie Mathiez, ein Bewunderer der Französischen Revolution, wie selbstverständlich eine Parallele zwischen dem Oktober 1917 und dem Jahr 1792 zogen, zwischen dem Terror der Bolschewiki und dem der Jakobiner.

Auf der anderen Seite waren sich nicht wenige Historiker der Vorkriegszeit noch der sozialistischen oder proletarischen Wurzeln des italienischen Faschismus und des deutschen Nationalsozialismus bewußt. Nehmen wir zum Beispiel das klassische Werk von Elie Halévy *Histoire du socialisme européen,* erschienen 1937. Kapitel 3 des fünften Teils handelt vom Sozialismus des faschistischen Italien, Kapitel 4 vom Nationalsozialismus. Dessen antikapitalistisches Selbstverständnis und revolutionärer Impetus sowie die Enteignung oder Eliminierung der alten Eliten durch die Nationalsozialisten waren dem Verfasser Grund genug, ihn in eine Geschichte des Sozialismus aufzunehmen – was heute völlig undenkbar wäre.

4. Das Militärbündnis, das der Krieg zwischen den Demokratien und der Sowjetunion knüpfte, schwächte die westliche Immunabwehr gegen die kommunistische Idee, die zur Zeit des Hitler-Stalin-Pakts noch sehr gut funktionierte, und führte zu einer Art Denkblockade. Um im Krieg mit dem Herzen dabei sein zu können, muß sich eine Demokratie sicher sein, daß ihr Verbündeter ein gewisses Maß an Respektabilität besitzt; wenn nötig, verleiht sie es ihm. Das militärische Heldentum der Sowjetunion nahm auf Stalins Geheiß ausschließlich patriotischen Charakter an, während die kommunistische Ideologie sich verbarg, in Reserve gehalten wurde. Im Unterschied zu Osteuropa hat Westeuropa keine unmittelbare Erfahrung mit der Roten Armee gemacht. Diese wurde daher, wie die anderen Alliierten auch, als Befreierin wahrgenommen, wovon die Balten und die Polen allerdings nichts spürten. Die Sowjets saßen als Richter in Nürnberg. Die Demokratien haben schwere Opfer auf sich genommen, um das Nazi-Regime zu zerschlagen. Um das Sowjetregime einzudämmen und um seine Dauer gegen Ende des Regimes aus Stabilitätskalkül zu verlängern, nahmen sie nur leichtere Opfer in Kauf. Die Sowjetunion brach von selbst, über ihrem eigenen Nichts zusammen, ohne daß die Demokratien groß nachgeholfen hätten. Ihre Haltung konnte daher nicht dieselbe sein wie bei der Zerschlagung des Nationalsozialismus, ihr Urteil nicht gleich ausfallen, ihre Erinnerung nicht unparteiisch sein.

5. Einer der großen Erfolge des Sowjetregimes bestand in der Verbreitung und schrittweisen Durchsetzung seiner eigenen ideologischen Klassifikation der modernen politischen Regierungsformen. Lenin reduzierte deren Vielfalt auf den Gegensatz zwischen *Sozialismus* und *Kapitalismus*. Stalin hat diese Dichotomie bis in die dreißiger Jahre behalten. Der Kapitalismus, auch *Imperialismus* genannt, umfaßte die liberalen, sozialdemokratischen und faschistischen Regime und schließlich auch das nationalsozialistische Regime. Dies ermöglichte den deutschen Kommunisten eine Gleichsetzung von »Sozialfaschisten« und Nationalsozialisten. Mit der Wende zur sogenannten Volksfront-Politik änderte sich diese Klassifikation: Neben dem *Sozialismus* (dem Sowjetregime) gab es nun *bürgerliche Demokratien* (Staaten mit liberaler oder sozialdemokratischer Regierung) und den *Faschismus*. Darunter fielen der Nationalsozialismus, der Faschismus Mussolinis, die verschiedenen autoritären Regime von Spanien, Portugal, Österreich, Ungarn, Polen usw. sowie die extreme Rechte in liberalen Regimen. Chiappe, Franco, Mussolini und Hitler wurden zu Gliedern ein und derselben Kette. Die Besonderheit des Nationalsozialismus wurde verwischt, und er wurde der Rechten zugerechnet, auf die er sein schwarzes Licht warf. Der Nationalsozialismus rückte zur absoluten Rechten auf, während der Sowjetismus als absolute Linke galt.

Erstaunlich ist nun, daß sich diese Klassifikation in einem Land wie Frankreich im Geschichtsbewußtsein festgesetzt hat. Werfen wir einen Blick auf die Geschichtslehrbücher, die bei uns in der Sekundarstufe und an den Universitäten in Gebrauch sind. Sie zeigen im allgemeinen die Einteilung in Sowjetregime, liberale Demokratien mit Links- und Rechtsparteien sowie faschistische Regime, wozu der Nationalsozialismus, der italienische Faschismus, der spanische Frankismus u. a. gezählt werden. Dies ist eine abgeschwächte Version des sowjetischen Küchenlateins. Selten nur findet sich in unseren Lehrbüchern die sachlich richtige Klassifikation, die Hannah Arendt bereits 1951 vorgeschlagen hat und die bei den Historikern heute allgemeine Zustimmung findet: die Einteilung in *totalitäre Regime* (Kommunismus und Nationalsozialismus), liberale Regime und autoritäre Regime (Italien, Spanien, Ungarn, Lateinamerika), welche in die klassischen, seit Aristoteles geläufigen Kategorien der Diktatur und der Tyrannei fallen.

6. Die Gruppen, die die Erinnerung an den Kommunismus wachhalten könnten, verfügen nur über schwache Kräfte. Der Nationalsozialismus währte 12 Jahre, der europäische Kommunismus je nach Land zwischen 50 und 70 Jahren. Folge der Dauer war eine Art Selbstamnestie. Die Zivilgesellschaft wurde im Laufe dieser ungeheuer langen Zeit atomisiert, die Eliten sukzessive vernichtet, ersetzt, umerzogen. Fast jeder, ob zur Spitze der Gesellschaft gehörend oder zu ihrer Basis, hat auf irgendeine Weise unlauter gehandelt, Verrat begangen, ist moralisch gesunken. Gravierender noch ist, daß die meisten derer, die zum Denken in der Lage gewesen wären, der Kenntnis ihrer eigenen Geschichte beraubt wurden und ihre analytischen Fähigkeiten verloren. Bei der Lektüre der russischen Oppositionsliteratur, der einzigen wahrhaften Literatur des Landes, vernimmt man ein herzzerreißendes Klagen, den immer wieder anrührenden Ausdruck eines unendlichen Wehs, doch fast nirgends begegnet dem Leser eine rationale Analyse. Das Bewußtsein des Kommunismus ist schmerzensreich, doch es bleibt verschwommen. Die jungen Historiker von heute interessieren sich kaum für diesen Zeitabschnitt, der dem Abscheu preisgegeben ist und dem Vergessen anheimfällt. Überdies schließt der Staat abermals die Archive. Das einzige Milieu, das die Erinnerung an den Kommunismus scharfsichtig hätte wachhalten können, ist der Kreis der *Dissidenten*, der sich um das Jahr 1970 bildete. Doch er löste sich nach 1991 rasch auf und war nicht in der Lage, einen Anteil

an der neuen Staatsmacht zu erringen. Aus diesem Grund konnte die von Dissidenten gegründete Menschenrechtsorganisation *Memorial* nicht wirklich Wurzeln schlagen und Bedeutung erlangen. Ein Organ, das als Träger der Erinnerung fungieren soll, muß in puncto Quantität, Macht und Einfluß eine kritische Masse erreichen. Die Armenier haben diese kritische Masse nicht ganz erreicht, noch weniger die Ukrainer, die Kasachen, die Tschetschenen, die Tibeter und viele andere.

Nichts ist nach der Auflösung eines totalitären Regimes problematischer als die Neubildung eines normalen Gewissens und normaler geistiger Fähigkeiten im Volk. Das postnationalsozialistische Deutschland befand sich in dieser Hinsicht in einer vorteilhafteren Lage als das postsowjetische Rußland. Die Nationalsozialisten hatten nicht genug Zeit, um die Zivilgesellschaft in ihrer Tiefe zu zerstören. Von den westlichen Armeen überprüft, bestraft und entnazifiziert, besaß die Zivilgesellschaft Deutschlands die Fähigkeit, diesen Reinigungsprozeß zu begleiten, Gericht zu halten über sich selbst, sich zu erinnern, zu bereuen.

In Osteuropa war dies nicht der Fall, und dafür ist der Westen mitverantwortlich. Als die russischen Kommunisten ihren pauschalen Güterbesitz in rechtmäßiges Eigentum überführten, ihre faktische Machtposition durch allgemeine Wahlen legitimierten und den Leninismus durch den chauvinistischsten Nationalismus ersetzten, hielt es der Westen für unangebracht, Rechenschaft von ihnen zu verlangen. Einen schlimmeren Dienst konnte er Rußland nicht erweisen. Die allgegenwärtigen Lenin-Statuen auf den öffentlichen Plätzen Rußlands sind nur das sichtbarste Zeichen einer Seelenvergiftung, deren Heilung viele Jahre in Anspruch nehmen wird. Im Westen ist das geschichtsideologische Küchenlatein, das die Komintern zur Zeit der Volksfront verbreitet hat, noch längst nicht verschwunden. Die Einbindung des Kommunismus in die Linke – was einen Kautsky, einen Bernstein, einen Léon Blum, einen Bertrand

Russell, ja selbst eine Rosa Luxemburg entsetzt hätte – hat dazu geführt, daß die kommunistische Idee heute bisweilen als unglücklicher Fehlgriff oder gleichsam wetterbedingte Havarie der Linken gilt und nun, da sie verschwunden ist, als zwar fehlgeschlagenes, doch im Grunde ehrenhaftes Projekt fortwest.

7. Die Amnesie in puncto Kommunismus und die Erinnerung in puncto Nationalsozialismus schaukeln sich gegenseitig in die Höhe, wo doch ein schlichtes und gerechtes Erinnern genügt, um das eine wie das andere Regime zu verurteilen. Das schlechte Gewissen des Westens will seit Jahrhunderten, daß der Herd des absolut Bösen in der eigenen Brust wohnt. Mitunter lokalisierte man das Böse im südafrikanischen Apartheid-Regime oder in den Vereinigten Staaten während des Vietnam-Kriegs. Doch als Zentrum galt stets das Dritte Reich. Rußland, Korea, China und Kuba wurden als äußerliche Realität wahrgenommen oder aber, sofern man es vorzog, den Blick abzuwenden, ins Äußerliche abgedrängt. Und um das vage Schuldgefühl zu kompensieren, das diese Abkehr begleitete, richtete man wild entschlossen alle Wachsamkeit und Aufmerksamkeit auf Phänomene, die sich auf den Nationalsozialismus bezogen und beziehen, in erster Linie auf das Vichy-Regime und den Gedankenabraum, der heute aus gewissen Kreisen des europäischen Rechtsextremismus eitert.

Das 20. Jahrhundert zeichnete sich nicht nur dadurch aus, daß die Geschichte mit Blick auf das Abschlachten von Menschen durch Menschen grauenvolle Züge annahm, sondern auch dadurch – und dies ist durch ersteres bedingt –, daß das Geschichtsbewußtsein mit besonderen Orientierungsproblemen konfrontiert war. Orwell merkte an, daß viele Menschen nur deshalb zu Nationalsozialisten wurden, weil sie den Kommunismus verabscheuten, viele andere nur deshalb Kommunisten, weil ihnen der Nationalsozialismus zuwider war. Dies verweist auf die Gefahr von Geschichtsfälschungen. Eine solche Geschichtsfälschung entsteht unter unseren Augen, und es wäre schade, wenn wir dem nächsten Jahrhundert eine gefälschte Geschichtsschreibung hinterließen.

Abschließend möchten wir einer Hoffnung und einer Befürchtung Ausdruck verleihen. Die vollständige Aufarbeitung des Nationalsozialismus hat Jahre gedauert, weil er alles Vorstellbare überstieg und die menschliche Einbildungskraft ihren Dienst versagte. Ähnliches könnte nun mit dem Kommunismus bolschewistischen Typs geschehen, dessen Werke den Blick auf einen ebensolchen Abgrund freigeben und – wie Auschwitz bis 1945 – den Schutz des Unwahrscheinlichen, Unglaublichen, Undenkbaren genossen. Vielleicht wird die Zeit, deren Funktion die Enthüllung der Wahrheit ist, auch hier ihres Amtes walten.

Alain Finkielkraut:

Verlust der Menschlichkeit

Versuch über das 20. Jahrhundert

Aus dem Französischen von Susanne Schaper

176 Seiten, gebunden, ISBN 3-608-91903-1

Die großen Visionen von Menschlichkeit und Menschheit wurden im 20. Jahrhundert durch Doktrin und Terror in ihr Gegenteil verkehrt, die Menschen wurden einem pervertierten Endzweck geopfert. Und heute? Ist der globale Tourist der letzte Reflex auf den »Verlust der Menschlichkeit«?

Die Visionen von Menschlichkeit und Menschheit haben Epochen bestimmt, Generationen mitgerissen. Wie und warum konnten sie in ihr Gegenteil verkehrt werden? Alain Finkielkraut entwirft ihre Ideen-Geschichte, um seine These vom »Verlust der Menschlichkeit« zu belegen. Das Grauen und das Entsetzen, das die beiden Weltkriege, das Nationalsozialismus und Stalinismus im 20. Jahrhundert verbreitet haben, entsprechen einander. Die Ideen von Menschlichkeit und Menschheit – so die These von Finkielkraut – können nicht unschuldig weiterverfolgt werden.

Franz Josef Wetz:

Die Kunst der Resignation

192 Seiten, gebunden, ISBN 3-608-94252-1

Sinn, Sinnlosigkeit und Unsinn gehören zu den mißbrauchten Wörtern, mit denen unsere Zeit den Geist quält. Wie oft ist die Rede von Sinnkrise, dem Verfall ewiger Werte und dem Ende der großen Sinngeschichten.

Franz Josef Wetz zeigt Auswege aus der Sinnkrise der Moderne auf. Er verfällt dabei weder den Götzen unserer gottverlassenen Zeit noch dem Nihilismus, sondern empfiehlt eine Kunst der Resignation: Ohne Sinn – und trotzdem glücklich.

Klett-Cotta

Ulrike Ackermann:

Sündenfall der Intellektuellen

Der deutsch-französische Streit nach 1945

Mit einem Vorwort von François Bondy

276 Seiten, gebunden, zahlreiche Abb., ISBN 3-608-94278-5

Ulrike Ackermanns Buch erzählt eine Episode unserer jüngsten Geschichte, die dem kollektiven Gedächtnis zu entgleiten droht. Im 20. Jahrhundert bekämpften sich Faschismus und Nationalsozialismus mit dem Kommunismus auf Leben und Tod. In den Köpfen deutscher und französischer Intellektueller setzte sich dieser Kampf der totalitären Ideologien auch nach dem Untergang von Hitlers Reich fort, mit traumatischen Konsequenzen bis heute.

E. M. Cioran:

Lehre vom Zerfall

Übertragen von Paul Celan

222 Seiten, Leinen, ISBN 3-608-97302-6

Kritiker und Leser bemerkten lange nicht, daß hier ein Schriftsteller (Rumäne von Geburt, aber seit 1937 in Paris lebend) den französischen Existentialisten an die Seite trat, der die Welt anders sah als sie. Nicht Revolution forderte er – wie Camus – sondern Resignation und Tatenlosigkeit. Denn alle Tat ist für den ›ruhelosen Mystiker des Rabenschwarzen‹ (Der Spiegel) unweigerlich ein Beitrag zum Zerfall, zur weiteren Zersetzung der Welt, sie verstärkt nur das Elend der Menschen, wie das auch die Empfindungen tun, die ›Auswirkungen der Drüsen‹. Die »Lehre vom Zerfall« ist ein desillusionierendes Buch, aber auch ein Buch voller Paradoxien. Es ist ein wichtiges Dokument für das Weltverständnis unserer Zeit.

Klett-Cotta